健美操教学与训练研究

张　彤◎著

吉林出版集团股份有限公司
全国百佳图书出版单位

图书在版编目（CIP）数据

健美操教学与训练研究 / 张彤著. -- 长春 : 吉林出版集团股份有限公司, 2022.8
ISBN 978-7-5731-2827-0

Ⅰ. ①健… Ⅱ. ①张… Ⅲ. ①健美操—教学研究—高等学校②健美操—运动训练—高等学校 Ⅳ. ①G831.32

中国国家版本馆CIP数据核字(2023)第002700号

健美操教学与训练研究

JIANMEICAO JIAOXUE YU XUNLIAN YANJIU

著　　者　张　彤
出 版 人　吴　强
责任编辑　蔡宏浩
助理编辑　崔雅轩
开　　本　787 mm × 1092 mm　1/16
印　　张　14
字　　数　230千字
版　　次　2022年8月第1版
印　　次　2023年4月第1次印刷

出　　版　吉林出版集团股份有限公司
发　　行　吉林音像出版社有限责任公司
（吉林省长春市南关区福祉大路5788号）
电　　话　0431-81629667
印　　刷　三河市嵩川印刷有限公司

ISBN 978-7-5731-2827-0　　定　价　42.00元

前言

随着现代生活日益丰富，健身已成为新时代人们的时尚运动之一，它吸引着人们从好奇到参与到着迷，健美操越来越受到人们的青睐，它集体操、舞蹈、音乐、健身、娱乐为一体，运动形式随意简单，运动气氛轻松欢快，因而深受大众的青睐，吸引着众多的健身爱好者，成为大家比较喜爱的一项运动。

我国体育事业的发展进步，让社会对于体育运动的态度也有了一定改观。而健美操通过对技术和身体锻炼为基础，配合适当的音乐，能够促进身心和谐愉悦的运动。当前健美操专项训练的教学状况，在人才培养、学生能力培养的方法还不够成熟，使得健美操的专项实践训练无法满足当前的教学。针对能力教学和人才培养方面的不足，需要教育者们深入探究在健美操实践教学过程中，通过不断地改革创新教学方法，树立新的教学模式和机制，来引导学生发掘自身的兴趣和爱好意识。激发学生创新意识，以思带学，提高学生创新、合作、探究等多项能力。

本书立足于健美操教学与训练的研究，首先对健美操运动进行了概述，简要阐述了健美操运动的基础知识及其多元价值；接着介绍了健美操运动的学科理论体系，包括生理学基础、心理学基础以及美学基础；并分析了健美操基本术语、基本动作和组合动作；然后探讨了健美操创编的理论与方法、健美操有效教学以及健美操课程教学分析；最后阐述健美操训练的基本理论以及健美操运动健身锻炼效果的评价。本书论述严谨，结构合理，条理清晰，内容丰富，其不仅能健美操教学提供翔实的理论知识，同时能为当前的健美操教学与训练的深入研究提供借鉴。

撰写本书过程中，参考和借鉴了一些知名学者和专家的观点及论著，在此向他们表示深深的感谢。由于水平和时间所限，书中难免会出现不足之处，希望各位读者和专家能够提出宝贵意见，以待进一步修改，使之更加完善。

目录

第一章 健美操运动概述

第一节 健美操运动的基础理论

一、健美操运动的概念

健美操是指以健身美体为主要特点的运动项目，其内容丰富，简单易学，变化繁多，不受年龄、性别、场地、器械的限制，可使全身各关节都得到充分的活动，各部位的肌肉得到均衡的发展，塑造出良好的体态。健美操之所以被人青睐，是因为它不仅有体育的魅力，还具有艺术的感染力，而且体现了人体在力量、柔韧、协调、节奏感、审美及表现力等诸多方面的能力。

健美操起源于传统的有氧健身运动，它的运动特征主要是持续一定时间的、中低强度的全身性运动。它是在氧气供应充足的情况下，以人体的有氧系统提供能量的一种运动形式，通过锻炼练习者的心肺功能，为有氧耐力素质奠定良好的基础。尽管健美操运动的发展历史不长，但已被广大群众所接受和喜爱。健美操不仅突出动作的“健”和“力”的特点，而且更加强调“美”的因素，这使得健美操成为体育运动中极具观赏性的运动项目之一。随着现代生活水平的不断提高，人们对于健康观念的意识逐渐增强，在生活中开始增加对健康的投资，随着健美操运动在我国越来越受到人们的欢迎，已成为人们现代文明生活不可缺少的重要组成部分。

（一）健美操运动的不同说法

因为健美操运动处于不断发展和创新过程中，所以相关学者对其认识不尽相同。关于健美操运动的说法主要包括以下几种。

瑞典著名韵律体操的创始人主张：韵律操动作的原则是应将人体的运动规

律融贯动作中去。韵律体操应体现运动员的喜悦、动作的创造性和现代音乐与身心的结合。韵律操可当作节奏体操的新式动作形态体操。

随着健美操运动在我国的传播与发展，我国一些专家与学者对健美操的定义也提出了多种的看法：第一种，健美操是以人体自身为对象，以健美为目标，以身体练习为内容，以艺术创造为手段，融体操、舞蹈、音乐于一体的一项新兴体育项目；第二种，健美操主要是以舞蹈和体操相结合，配以流行的节奏音乐，达到有氧训练目的的体操；第三种，健美操是操化了的，为了人体健康而进行的动态选美比赛；第四种，健美操是根据人体的生理特点，为了追求人体美，在音乐伴奏下所进行的体操与舞蹈动作结合的边沿性综合运动项目。

近年来，随着健美操运动在我国的进一步开展与普及，以及人们对健身理解的加深，健美操的概念也不断完善。纵观健美操运动的特点与发展，结合专家的观点，这里将健美操的概念定义为：健美操是融音乐、体操、舞蹈、美于一体，以身体练习为基本手段，以有氧运动为基础，通过徒手、手持轻器械和用专门器械的操作练习达到增进健康、塑造形体、丰富生活、陶冶美的情操的一项新兴娱乐、观赏型体育运动项目。

（二）健美操运动概念的本质属性

1. 动作内容

健美操的动作中可以融入所有的体育项目动作，如体操、游泳、武术、球类等动作；所有的舞蹈动作，如秧歌、拉丁舞动作，只要将各种动作操化了就可以创编成健美操动作。

2. 动作表现

在健美操的动作表现中，身体强劲律动是动作连续顺畅完成的基本前提，健美操动作是通过人体髋、膝、踝关节的协调律动而完成的，这也表现出了身体动作的弹性。健美操技术水平越高，其动作弹性越大。

3. 音乐特点

健美操对音乐要求较为严格。健美操音乐必须节奏分明、强劲有力、旋律优美，能烘托气氛、激发人们的热情，音乐动感要非常强。

由此可知，健美操教师、教练员或指导员应抓住健美操的本质特点，建立正确的健美操内容体系，积极有效地推动健美操沿着正确的方向发展，以保证健美操的可持续性发展，充分发挥健美操的健身、健心、塑体和娱乐等功能。

二、健美操运动的内容

成套健美操的动作是由单个动作组成，它来源于徒手体操动作、艺术体操徒手动作和现代舞中的简单动作。健美操运动的内容主要包括以下几个方面。

（一）徒手体操动作

徒手体操动作是健美操动作最基本的内容。它是由头颈、上肢、胸部、腰部、腹部、下肢等部位的屈、伸、转、绕、举、摆、振等基本动作构成的。只有正确地掌握徒手体操动作，才有可能协调、准确地完成健美操动作。

徒手体操与健美操在完成的方法上有很大的区别，主要表现在动作节奏、运动方向、路线以及造型等方面。健美操中增加了新颖、独特的手型和步型，特别是髋部动作，因此，健美操动作更加丰富多彩。

（二）艺术体操徒手动作

艺术体操的典型动作是波浪动作。此外，健美操动作的内容还包括摆动、绕环、屈伸、平衡、转体、跳步、舞步及近似技巧动作等。艺术体操徒手动作的练习不仅能培养人们对动作的美感，而且能有效地增强身体素质，提高协调性，增加成套动作的难度价值。

（三）现代舞中的简单动作

健美操涵盖了迪斯科舞、爵士舞、霹雳舞中的上下肢、躯干、头颈和足踝动作，特别是髋部动作，给健美操增添了活力，同时，也有利于减少臀部和腹部脂肪的堆积，改善动作的协调性和灵活性。

此外，民间舞中的许多动作，基本体操中的队列、队形变化也是健美操的内容之一。

三、健美操运动的特点

（一）适应性

健美操练习形式多样，运动量可大可小、容易控制，对场地器材的要求也不高，因此，对各个年龄层次、不同性别、不同身体素质、不同技术水平的人都能从健美操练习中找到适合自己的方式，从中得到乐趣。例如中老年人可选择低强度的有氧练习，达到锻炼身体、娱乐身心、保持健康的目的；而对身体素质较好的年轻人来说，可选择难度较高、运动量较大的竞技健美操作为练习的手段，通过竞技健美操练习，不仅锻炼了身体，而且还提高技术水平，满足其进取心要求。因此，健美操运动具有广泛适应性的特点。

（二）安全性

健美操动作简单，方便操作，且运动负荷、运动强度、运动量及运动节奏都可以结合练习者的具体情况进行调节，即使是弱体质的人也能参加健美操运动的练习，因此健美操运动是一项十分安全的运动项目。

（三）节奏性

健美操运动有专门的音乐伴奏，多取材于迪斯科、爵士、摇滚等现代音乐和具有上述特点的民族乐曲。与艺术体操相比，健美操更强调动作的力度。因此，健美操的音乐节奏鲜明强劲、音乐风格热烈奔放。健美操音乐中的高低、长短、强弱、快慢等节奏的变化，使健美操更富有一种鲜明的现代韵律感，健美操音乐不仅能振奋练习者的精神，使人产生跃跃欲试的动感，还能使人在练习过程中忘却疲劳放松心情。

（四）艺术性

健美操观赏性强，是一项追求人体“健”与“美”的运动项目，它将人体语言艺术和体育美学融为一体，具有高度的艺术性。一方面，健美操动作要求协调、流畅、有弹性，要展示内心的激情，体现一种健康向上的情绪；另一方面，健美操提倡个人风格的表现力，使练习者不仅锻炼了身体、增强了体质，而且从中得到了“美”的享受，提高了审美意识和艺术修养。总的来说，健美操的艺术性，无论是健身健美操，还是竞技健美操，无不处处表现出“健、力、美”的特征，包含着高度的艺术性因素，使健美操不同于其他运动项目，这正是健美操运动深受人们喜爱的重要原因之一。

（五）创新性

健美操动作丰富，在运动中强调不断创新。在运动实践中，健美操动作的技术风格和质量、动作组合形式、成套动作编排、集体动作配合、队形变化、音乐选配、健美操器械以及教学方法手段等也在不断推陈出新。随着社会发展和时代的变迁，为了不断满足练习者的各种运动需求，健美操运动也正在原有的基础上不断地创编出独特新颖的、具有显著特征的动作和形式。可以说，创新是健美操保持活力的重要源泉。

（六）力度性

健美操是以力量性为主的徒手动作为基础的，它所表现的力是力量、力度、弹力、活力的综合。健美操动作要求的力度和力量性很强，不论是短促的肌肉力量、延续力量，还是瞬间的控制力量都展现出较高的力度感。由于身体动作的快速变化及脚下富于弹性的移动，连续不断地跑跳，使全身充满着生命的活力。健美操所形成的动作力量性风格可充分表现出人体“健”的风采、美的神韵和力的坚韧。表现形式为狂热奔放，并伴有情感上的力度。健美操的力量性最能发挥人的个性，具有强烈的表现力、感染力和吸引力，这是它的生命力所在。

（七）自我塑造性

健美操是建立在美学等科学理论指导下的人体运动方式，要求动作美观大方、准确到位。讲究造型美、姿态美、音乐美、服饰美、精神美。它不仅强调“美”，而且还强调“健”，讲求有效地训练身体各部位的正确姿态，使人体匀称和谐地发展，培养健美的体形和风度，塑造完美的自我。健美操的自我塑造是遵循人体的可塑性，如肌肉的强弱、发达程度、脂肪的沉积程度以及脊柱和胸廓的形状、关节的灵活程度等这些决定身体姿态、形体改变的自我塑造的可变因素。因此“以自然人体为对象，运用自己的力量把自身作为对象，实现自我塑造”，这是健美操不同于其他运动项目的一个显著特点。

第二节 健美操运动的多元价值

一、健美操运动的健身价值

（一）健美操运动的身体形态改善价值

现代健美操对“美”有很高的要求，而不仅仅是对“健”很重视，现代健美操要求运动者反复练习身体的各个部位，使之保持正确的姿势，这有利于促进运动者身体的健康协调发展，有利于塑造优美的体型，也有利于运动者的自我完善。

现代健美操塑造优美形体的过程中对人体有较强的可塑性，人体的可塑性主要包括对身体形态与形体改变具有决定作用的因素。例如，脂肪的沉积程度、关节的灵活度、肌肉的强弱与发达程度以及胸廓和脊柱的形状等。总之，现代健美操对人体的形态改善具有非常重要的促进作用，是现代健身健美运动的首选运动项目。

1. 降低身体体脂率，使身体更纤细

健美操运动是一项有氧健身运动，长期坚持锻炼能有效改变运动者的身体成分，最重要的是使运动者的体脂率发生变化。

具体来说，健美操运动对运动者的身体成分的改变并不指宏观概念中的人体成分，而是运动系统组织的比例成分。人体的运动系统由骨骼、肌肉和关节组成，其中骨骼和关节的比重最为稳定，肌肉的比重变化也不十分明显，由此，附着在肌肉上的脂肪就成为影响人体形态的重要因素。因此，现代人都非常注重减脂。

所谓体脂率是评判人体脂肪含量的一个重要标准，它具体是指人体内脂肪重量在人体总体重的比例，又称为“体脂百分数”。正常成年人的体脂率分别是男 15% ～ 18%，女 25% ～ 28%。经常参加健美操运动健身的人所接受的健美操活动均为有氧运动。有氧运动可以明显增加脂蛋白酶（LPL）的活性，如此可以充分动员脂肪供能，促进运动中和运动后体内的脂肪分解，增加脂肪的利用率，促进肌肉体积增大、力量增加，达到强身健体、保持优美线条的目的。

研究表明，男性通过经常性的健美操健身运动，上臂皮脂、背部皮脂、腹部皮脂的厚度明显减少，肌肉力量也获得提升，健身和健美效果可谓十分明显。正常人骨骼肌重量约占体重的40%，经常参加健美操运动的人的骨骼肌重量可达到45%～50%。

人体内适当的脂肪含量是人体所必需的，它为人体提供能量的储藏以及起到一定的保温作用，但如果体内脂肪含量严重超标则会给身体带来负担，甚至成为多种疾病的诱发因素。健美操运动健身锻炼能有效降低体脂率，可使运动者的身体更苗条。

2. 促进骨骼的增长，使身体更挺拔

运动学研究指出，骨骼是人体的“支架”，它是体内最坚实的组织，尽管如此，骨骼本身也是有一定弹性的，这种弹性会随着人的年龄的增加而减小。骨的表面有一层很薄的结缔组织是骨膜，骨膜下面是一层结构很坚实的骨密质，骨密质越厚，力量就越强。骨骼的内部拥有复杂的结构，它里面富含造血细胞、血管与神经。在骨的内层和长骨两端是结构疏松的骨松质，骨松质的形态像海绵状，它由骨小梁纵横交错，按受力方向排列，以保持骨的坚固而又不过重。另外，骨骼还具有自我修复的能力，这就是人在骨折后经过对接还可以痊愈的原因，而且骨折的相同部位甚至比骨折前更加坚硬、结实。

运动实践表明，经常参加健美操运动，可以使人体的骨骼发生以下良性变化。①人体通过不断练习健美操运动中的跳跃、变向等动作，不仅促进了血液循环，增强了新陈代谢。而且有效地促进了骨的结构与功能的变化，使骨密质增厚，骨小梁的排列受肌肉的强力牵拉和外力的刺激作用，增强了骨的坚固性，韧带在骨骼上的附着部位、结节、粗隆和其他突起部位，这有利于肌肉和韧带更牢固地附着在骨骼上。这些变化都有利于骨骼承受更大的外力作用，提高了骨的抗扭、抗弯、抗折和抗压能力。②在健美操练习中，健美操动作对人体肌肉的牵拉作用也与骨骼的变化有关。肌肉力量的增加与骨量的增加有着显著相关性，且骨量增加部位与肌肉训练部位有关。当肌肉力量增强时，肌肉收缩对骨骼产生的应力刺激可有效提高成骨细胞的活性，这种活性有利于保持骨骼的良好状态一直延续到进入中老年后，其表现为有效延缓骨质疏松症和减少骨折发生的概率。③经常参加健美操运动，不仅可以使骨骼逐渐变粗，还可以促进骨密度增加和骨质的提高，甚至还对骨骼长度（腿部骨骼）的增高有一定的辅助作用。如通过统计分析得出，经常参加健美操运动的青少年，比不爱运动的同龄人身高平均高几厘米，这是因为骨骼两端有软质的骨骼，这层骺软骨在新陈代谢的作用下，不断地骨化而变为硬骨，同时又不断增生新的软骨，促进了骨的加长。这种骨骼的生长规律如果利用得当，对正处在青春发育期的青少年来说是非常有利的。

总的来说，健美操运动科学锻炼，可使运动者的骨骼发育更健康、更结实、增长更快，有助于促进运动者身高发育、使其身体更挺拔、修长。

3. 塑造良好的体态，使身形更完美

体形和体态是形体的两个主要组成部分。健美操运动对塑造体形方面也具有非常明显的作用与功能。通过参加健美操运动，尤其是练习力量型动作，能够使骨骼变得强壮，增加肌肉围度，从而对天生的体形缺陷具有一定的弥补作用，使人的身体匀称而健美。与此同时，参加健美操运动还有利于加快体内新陈代谢的速度，从而消耗多余的脂肪，塑造完美的体形。这一价值适用于健美操运动健身的任何一个人群。

（二）健美操运动的身体机能提高价值

现代健康新标准指出，“健康”应包括三个方面的内容：即身体健康、心理健康以及社会适应能力强，而不是单指传统意义上的生理健康。现代社会流行一种积极的健康意识与观念，那就是“健康美”，机体最有效地促进其机能发挥的状态就是“健康美”。如果要达到“健康美”，需要具备几个条件：首先，一定要有良好的自我意识，对日常生活与工作中遇到的事情与问题能够轻松应付；其次，要精力充沛，心理状态良好，具有良好的参与社交的能力；最后，在面对突发事件，要有良好的处理能力等。

通过健美操运动能够使身体得到锻炼，促进身体健康，这是健美操运动强身健体作用的核心。健美操是全身各关节与肌肉共同参与的体育运动，注重身体的全面发展是它一直强调的问题，通过健美操练习，能够有效地保障运动者

的头部、躯干、上下肢及身体各关节都处于良好的健康状态。具体来说，健美操促进和改善人体系统的机能的价值主要表现在以下五个方面。

1. 提高呼吸系统机能

肺部与鼻、喉、气管、支气管等呼吸道共同组成人体的呼吸系统。呼吸运动时气体的通道就是所谓的呼吸道，交换气体的场所就是所谓的肺部。健美操运动是一项有氧健身运动，能有效提高运动者的呼吸系统机能。

一般来说，女子的肺活量是2500毫升左右，男子的肺活量是3500毫升左右。男子与女子在正常情况下肺活量相差1000毫升左右，男子若经常参加体育锻炼，其肺活量可达到4000～7000毫升，女子若经常参加体育锻炼，其肺活量则可达到3500毫升左右，男子与女子在锻炼情况下肺活量相差500～3500毫升。由此可见，体育锻炼能够充分提高呼吸系统的通气与换气功能。安静状态下，正常人每分钟的呼吸频率为12～18次，肺通气量4～7升，健美操运动锻炼实践已经充分证实，参加健美操运动锻炼之后的人，若要达到同样的肺通气量，每分钟呼吸频率只需保持在8～12次即可。

健美操运动的练习有利于健全与完善人体的呼吸系统，使呼吸系统的构造和功能向良好方向转变。健美操运动能够使人体的肺组织弹性保持良好的状态，促使胸廓活动范围有所改进，从而加深呼吸时的深度，并随之加大人体的肺活量。运动实践表明，在进行定量的健美操运动过程中，运动者的呼吸功能也可以表现出节省化的现象，能够有效地保持工作能力的持续状态，延缓工作能力下降的时间。呼吸系统储备功能的能力也很强，能够适应各种对呼吸系统要求较高的体育锻炼活动。研究表明，完成一套有氧健美操，平均心率可达一分钟150次。健美操运动能刺激内脏器官运动，增加氧气摄入量，提高呼吸效率，从而增强呼吸系统的功能。

2. 提高心血管系统机能

据有关资料显示，正常人的每搏输出量为70～90毫升，时常参加运动的人每搏输出量为100～120毫升。在安静状态下没有经常参加体育运动的人的心率为每分钟70～80次，心脏容积为785毫升；而规律性参加体育运动的人的心率每分钟减少到50～60次，心脏容积随之增加到1027毫升。经常进行大强度运动的人的心率也会明显增加，最高每分钟会达到 220 次，而经常不运动的人每分钟心率只有 180 次。

健美操运动可有效提高心血管系统机能，具体表现在以下几个方面：①长时间持续进行健美操运动的锻炼，能够增粗心肌纤维，增强收缩力，同时能够增加每搏输出量，促使心脏储备力量的提高。在进行健美操运动的练习中，由于肌肉的活动量在持续增加，心脏的工作量也会有所增加，从而增加了心脏毛细血管的开放量，最终加快心肌的血液供应和新陈代谢速度。②长时间持续进行健美操运动的锻炼，有利于心肌中蛋白质和糖原储备量的增加，加快增粗心肌纤维。因此可以说，健美操运动的练习不但能够有利于增强心脏的收缩力量，还能够促进心脏容量的增加，从而也促进心脏每分输出量和每搏输出量的增加。③长时间持续进行健美操运动的锻炼，还能对血管壁的结构造成影响，器官中血管的分布会因为运动而发生改变。所以，健美操运动对心血管疾病的发生具有良好的预防作用，能够有效地保护人体心脏健康。④长时间持续进行健美操运动的锻炼，可对心脏起到良好的保护作用，在安静状态下，心脏脉搏的频率较低，活动状态下也不会有明显的升高，只有在剧烈运动状态下才会明显升高，然而运动一旦停止之后，心脏脉搏的频率又会恢复到安静状态时的水平。此外，经常进行健美操运动，有利于增加动脉管壁的中膜的厚度，增加弹性纤维的数量，同时也有利于加强血管的运血功能。⑤长时间持续进行健美操运动的锻炼，可有效提高肺泡通气量，增加血液氧含量，提高心肺功能。作为普通参与健美操健身的人来说，健美操运动的强度要远远小于专业健美操运动者，其有氧代谢供量比例会更大，一般达到 90% 以上。因此，经常参加健美操运动可以有效提高肺泡通气量，改善心血管系统机能，增强机体的血氧利用率。

3. 提高神经系统功能

在健美操运动锻炼过程中，运动者的中枢神经系统对健美操运动具有支配与调节的作用。

健美操音乐是健美操运动非常重要的一个组成部分，运动者在动感十足的音乐伴奏下，不断变换健美操动作的类型、力度、速度、方向以及路线，动感的音乐有利于集中运动者的注意力，使运动者伴随音乐的变化做出积极快速的反应动作，从而促进运动者神经系统灵活性和均衡性的有效提高。

4. 改善消化系统功能

消化腺和消化道是组成人体消化系统的两个部分，健美操运动对于运动者消化系统功能的改善主要表现在促进消化吸收、减少消化道疾病两个方面。

第一，人体的肠胃等消化器官都会受到一些健美操动作的影响，例如，顶髋、提髋、绕髋等髋部动作以及屈、转、绕环等腰腹部动作都能够积极影响人体的消化器官，帮助运动者改进其消化功能，并且促进人体快速吸收营养物质。

第二，健美操运动的适度练习有利于运动者食欲的增加，促进运动者的心态时刻保持良好状态，并且能够预防疾病的发生，特别是对消化道疾病以及便秘等具有良好的预防作用。

5. 提高运动系统功能

促使人体运动是运动系统的主要功能，也就是说，运动系统使人体在空间上发生移动，以及变换人体各部分的相互关系。骨、肌肉和关节三部分共同组成人体的运动系统。健美操对运动者运动系统功能的提高也主要表现在这三个方面。

（1）促进骨骼健康发育

经常练习健美操能够使骨骼的新陈代谢速度加快，使血液循环得到良好的改善，从而使骨头密度提高，加强骨细胞的生长能力，使骨骼变得更强壮、更坚固，有利于提高抗弯曲、抗骨折、抗压缩以及抗扭转的能力。此外，在儿童时期适当地开展健美操运动，有利于儿童髋软骨的健康生长，使儿童长得更高、更快、更健康。

（2）增加肌肉力量、提高肌肉工作效率

经常从事健美操运动的练习一方面有利于关节周围肌肉力量的不断增强，有利于肌肉和韧带灵活性的提高，从而使人体的关节活动范围逐步变大，关节的稳定性与灵活性也就会随之增强。此外，健美操运动中的有氧运动有利于快速将人体肌肉部位的脂肪减掉，使肌肉的形状得到完美塑造。不管是数量上还是形态上，肌肉内的毛细血管都会因为健美操运动而发生改变，改变后的毛细血管有利于肌肉血液供给情况的改善，从而使肌肉的工作能力有所提高。

（3）巩固关节及其周围组织、增加关节灵活性

健美操运动的练习有利于增厚人体关节面骨密质，还有利于增粗关节周围的韧带和肌腱，从而使关节的稳固性变得更强，这样就可以有效预防关节有关的一些容易发生的运动损伤。

（三）健美操运动的身体素质发展价值

健美操运动是一项对全身各项身体素质发展均具有促进作用的体育健身运动项目。在健身运动项目中，健美操受到普遍的欢迎，主要原因不仅是它比较时尚、流行，最主要的原因是人们可以通过健美操运动锻炼身体、愉悦身心、陶冶情操、锻炼意志，得到多种多样的益处，健美操也因此可以不断发展，不断进步，不断受到越来越多人的欢迎。具体来说，现代健美操运动对运动者身体素质发展的价值主要表现在以下几个方面。

1. 发展动作力量

徒手动作是现代健美操运动的基础动作，徒手动作主要是力量性的。力量性的徒手动作综合表现了运动者运动时的力量、弹动力、力度以及活力等。①现代健美操要求运动者在完成动作时要注意动作的力度与力量，并要求将较高的力度感展现在瞬间的控制力量或是短促的肌肉与延续力量中。②现代健美操的动作也表现出一定的活力，主要是从不断变化的身体动作、弹性力较强的脚下动作以及持续进行的跑跳动作中展现出来的。③现代健美操的动作所展现出的力量性风格可以从人体“健”的风采、“美”的神韵和“力”的坚韧中综合反映出来。动作奔放不羁，情感上的力度也伴随其中。④现代健美操动作的力量型也能够充分发挥运动者的个性，运动者强烈的吸引力、感染力以及自我表现力在现代健美操动作中表现得淋漓尽致。现代健美操在众多体育运动项目中，始终保持着力量型风格。

健美操对运动者的肢体动作力量具有一定的要求，长期从事健美操运动能有效促进不同部位的力量素质发展。

2. 增强肌肉耐力

肌肉耐力使人体在进行各种运动中可以长时间保持肌肉力量的能力。在日常生活和体育健身中，良好的肌耐力是正常开展这些运动的基础，对于专业运

动者来说肌肉耐力的意义就更加重要了。这里的肌肉是指人体在运动中为动作提供直接动力来源的骨骼肌。骨骼肌附着在人体的骨骼之上，它通过收缩，再加上关节的衔接作用使骨骼活动，从而产生人体的各种动作。

个体肌耐力发展受多种因素影响，为了进一步了解肌耐力，首先要对肌纤维做进一步解释。通过研究和分析发现，肌纤维可分为快肌和慢肌两类，其中对肌肉耐力影响较大的是慢肌，又被称为慢红肌，慢红肌中含有较多的肌红蛋白。慢红肌发达的人，有氧耐力运动较好。健美操运动的运动方式刚好非常有助于氧化酶活性的提升，从而引起红肌纤维增粗。除此之外，慢红肌还对人体神经系统调控能力的提高等起到积极作用。经常参加健美操运动，还可以使肌肉中三磷酸腺苷的含量增加提高机体的供能量，促进肌肉中 CK 酶的活性提高，耐乳酸的能力增强，从而提高了有氧氧化能力，提高肌肉的耐力，延长肌肉工作的时间。

健美操运动实践证明，经常参加健美操运动可以使人的骨骼肌形态、结构和功能水平保持在同类人群中的较高水平。健美操运动还可以使骨骼肌发生一系列的适应性变化，这种变化具体表现在增加肌肉体积、增强结缔组织韧度、影响肌纤维类型和肌群收缩协调性等方面。

（1）健美操运动可使肌肉体积增大，提高耐力

肌纤维，又被称为“肌细胞”，它是构成肌肉的主要单位。健美操运动作为全身性运动，它对肌纤维的增粗起到积极的促进作用，肌纤维的增粗最终使得整块肌肉体积增大，进而使得该部位的肌肉群也随之增大。健美操运动也对人的耐力有较高的要求，因此，在健美操运动健身中也经常会包含一些耐力性的训练，这种训练可使快肌纤维向慢肌纤维转化，其结果也是会使肌肉体积增加。

（2）健美操运动可增强肌肉结缔组织强韧水平

肌肉反复的收缩和牵拉可以促进肌腱和韧带中的细胞增生，同时这一运动过程在进行中还会使肌外膜、肌内膜增厚，抗牵拉强度提高，肌肉肌力组织韧度增强，从而提高肌肉抗断能力。健美操运动中的大多数动作都会不断出现和反复，同时有许多动作非常依赖人体爆发力，这些运动特点使得健美操运动对增强肌肉结缔组织的强韧水平有较多的帮助。

（3）健美操运动可改变肌纤维类型和特点

参与健美操运动的人可以在运动中使自身的全部五大身体素质得到锻炼。健美操运动中表现出的力量对抗动作，可使肌纤维得到最大限度地发展，这种力量对抗对快肌纤维的增粗作用明显。而健美操运动中体现出的耐力，可使肌纤维中线粒体数量增加，体积增大。此外，通过健美操运动还能使肌肉中线粒体数量增多，体积增大，研究证实，肌纤维中的毛细血管在健美操运动中开放的数量为安静时的 20 ～ 30 倍，这样可以增强肌肉中的血液循环，有利于肌肉进行长时间的紧张工作。

（4）健美操运动可提高肌群收缩协调性

参与健美操运动的过程中经常会遇到如急转急停、快速起动等技术动作。这些技术通过脚蹬和腰腹肌等力量，改变身体位置、方向和速度，然而要想将这些动作做得准确无误，就需要身体各方面完美的协调。这种协调主要是对肌肉收缩协调性的要求，它使原动肌、对抗肌和固定肌共同收缩，相互配合，以确保工作的完成，从而改善和提高了这些肌群的协调性，使肌肉收缩的效率得到充分发挥。

（5）健美操运动可增加肌红蛋白含量、延缓疲劳

长期参加健美操运动的人会在体内储备足够量的肌糖原，健美操运动还会使肌红蛋白含量增多，这对于肌肉的储氧能力的提升大有帮助。除氧能力的提升以及足够肌糖原的储备都会在运动中起到最大限度减少乳酸生成，有利于提高运动者的抗疲劳能力。

3. 改善身体的柔韧性

作为有氧运动的一种，健美操运动有利于运动者身体柔韧性和灵敏性的发展。健美操运动是一种对人的身体进行全方位健身、健美运动的项目。其中的跑、跳、转体等动作均要全身的每个部位协调参与才能完成，对全身各关节柔韧性的要求也不相同。所以经常参加健美操运动可以有效改善身体的柔韧性。

健美操运动比较重视练习力度与幅度，和球类、田径等运动相比，健美操运动对运动者的身体柔韧性要求较高，健美操运动常包含一些屈、展、踢腿、劈腿等动作，因此，为了更好地在健美操运动中表现出优异的柔韧素质，需要

运动者在日常除了参加健美操运动外还要进行一些柔韧素质练习，如可采用动力性和静力性拉伸练习方法。这种练习要特别注意遵循循序渐进的原则进行，在练习初期不要过快过猛，以防运动损伤或其他事故的发生。以后在逐步适应练习强度后再逐渐增加难度，如把动力性和静力性练习结合起来，把主动练习和被动练习结合起来，可收到更好的效果，进一步提高肌体柔韧性，以适应健美操运动动作要求。

4. 全面发展身体素质

经常参加健美操运动，有利于肌肉力量的不断增强以及肌腱、韧带以及肌肉弹性的不断提高，从而促进运动者身体力量素质和柔韧素质的健康发展。

能够全面健身与均衡健身是健美操运动最为突出的实际作用与锻炼作用，这一点在健美操创编过程中也得到了充分的体现。具体来说，编排健美操动作的过程中，设计者严格遵循了人体运动的生理规律，从上到下、从左到右，运动负荷从小到大、从弱到强，动作从简单到繁杂都是有规律可循的，不同年龄、不同身体素质水平、不同锻炼目的的练习都能找到适合自己的健美操运动方式，无论哪种方式，只要科学与合理，就有利于其身体各个器官与系统的发展与健康。

总之，现代健美操需要持续较长的时间，竞技健美操具有较大的练习强度，这就要求运动者要具备一定的意志力来克服疲劳，同时也要求其耐力素质要好。健美操运动也有利于运动者表现能力和动作熟记能力的提高，有利于运动者神经系统的灵活性与均衡性的提高，从而极大地发展运动者的协调素质。所以，健美操运动能全面发展运动者的各项身体素质。

（四）健美操运动的医疗保健价值

1. 提高对疾病的免疫力

健美操运动不但是塑形美体的有效运动方式，而且还是医疗保健的有效方法，表现出医疗保健的作用。

现代健美操运动对运动者身体机能和身体素质的提高与发展均具有重要的作用，因此，长期坚持健美操锻炼，能有效提高身体免疫力，避免疾病的入侵。需要注意的是，系统的健美操锻炼应注意要把运动范围与运动量控制好，只有这样，才能充分发挥其对伤病的预防作用，起到良好的医疗保健作用。

2. 促进机体伤病的康复

健美操是一项有着丰富内容与多样运动形式的有氧运动，运动者能够依据自身的条件灵活调整运动量，对于一些病人、残疾人以及老年人来说，健美操运动也是一种医疗保健的科学方法。例如，有些病人下肢处于瘫痪状态，对于他们来说，可以通过在椅子或地上进行做操练习，这样一方面对下肢机能的恶化与衰退起到控制作用；另一方面也能够有效地锻炼其上肢与躯干。能有效促进其伤病康复，因此，健美操运动可作为体育康复训练的一个重要组成部分。

二、健美操运动的心理健康促进价值

（一）健美操运动对运动者丰富情感、完善体验的促进

情绪状态是衡量人的心理状况如何的标准之一。情绪与心理是相互关联、相互影响的，即良好的情绪会带动心理产生愉悦感，此时人的行为往往较为亢奋和积极向上，也会带动情绪的稳定，反之则会带来不稳定的情绪。情绪与个体的心理健康相互影响。

1. 体验运动快乐

运动能给人带来快乐。健美操运动是一种可以全方位锻炼人体的健身健美运动，健美操运动拥有广泛的人群基础。年龄较大的人参与健美操运动可以适当降低强度和减少时间，其目的在于通过健美操运动活动身体，多多排汗。而年轻人更乐于体验其中的青春活力，这是增强身体素质和提升自我竞争意识的良好渠道。

在广场上，人们进行健美操运动锻炼，享受运动带来的青春活力和大汗淋漓，但都会感到兴奋和愉快。此类兴奋感和愉快感的存在就是得益于身体的剧烈运动，特别是随着健美操欢快的音乐节奏做健身动作，可以使运动者或参与者会忘记疲劳，忘记伤痛，忘记一切烦心事，完全陶醉在兴奋和快乐之中。

实践证明，适当参与体育运动对缓解人的压力，促进良好情绪的生成有着巨大的作用。健美操运动作为颇受人们喜爱的健身健美运动，运动者可以通过参与其中转移个体不愉快的意识、情绪和行为，获得一个良好的缓解不良情绪的渠道，它不仅可以使人摆脱烦恼和痛苦，而且能够给人带来快乐和成功感。

2. 体验成功和成就感

健美操运动具有良好的观赏性，肢体动作优美、充满活力，一些运动会、集体活动经常会邀请一些健美操运动者来进行现场气氛调动，对于参与者来说，在参与健美操运动的过程中，尤其是集体性健美操运动，每一个人都要通过自身的努力，来完成健美操动作和集体动作造型的配合，出色的健美操运动表演和集体协作健身练习，能让健美操运动者在付出了大量体力和汗水后，会让人体会到一种浓烈的成功感和成就感。这种成功体验会让人如痴如醉，最后发展成为一种对成功感的追求。

健美操运动使人们在心理上获得了良好的体验，它不仅可以丰富人们的生活内容，提高生活质量，而且能够影响青年人在生活或学习等多个领域积极向上、争取成功，促进运动者积极进取的心态。

3. 体验交流沟通的愉悦感

现代健美操运动以集体练习为主，在参与健美操运动过程中，对于运动者与其他健美操运动爱好者之间的交流具有重要的促进作用。这对健美操运动者体验人际交流的愉悦感、增加情感体验具有重要作用。

在现代社会中很少有只通过一个人的努力就能实现较大目标的情况了，而是已经转为了团队合作模式开展工作。因此，人际交流不止在日常的工作中体现在学习、生活等各个角落，只要有人的地方就涉及个人与他人的交流问题。人际交流是指在社会活动中，人与人之间进行信息交流和情感沟通的联系过程。与他人良好的交流可以最大限度地获取有效信息，使自己在处理事务的过程中感到事半功倍，反之则会感觉处处碰壁。参加健美操运动是一种有助于体验人际交流愉悦感的活动，特别是对尚未完全形成的青少年的人际交往能力有更大的帮助。

健美操运动中，参与者之间不仅仅是简单的接触与交往，还能够增强人与人之间接触和交往的机会。例如，队友们在对健美操集体造型动作的完成，需要同伴之间良好的沟通与配合，参与者之间必须进行交流。这种交流是健美操运动中所特有的交流形式，它会逐步转化成队友之间的人际交流和社会交流。通过队友之间的自然交流，有利于相互之间的进一步沟通，联络感情，协调人际关系，增加群体的认同感，愉悦身心。

（二）健美操运动对运动者减轻焦虑、健康心态的促进

现代人面临各种压力，经常处于焦虑的状态，严重影响身心健康。运动有助于消除焦虑情绪，现代健美操运动能使运动者减轻焦虑。健美操欢快的音乐有助于营造一种轻松、愉快的气氛，对于运动者健康心态的形成具有重要的促进作用。

1. 愉悦心情

健康包括生理健康和心理健康，良好的心态是衡量个体是否健康的重要因素，随着社会经济的发展与进步，健康已不是生理上满足人们的要求与需要，人们也同样追求心理与行为的健康。

现代人越来越重视生活质量的提高，健康观念就是健康的一种追求健康心理的表现。人们的生活水平提高的同时，人们的精神也因为社会的竞争倍感压力而产生不良心理。因此，要想解决不良心理，就必须保持愉悦的心情，从根源上避免心理疾病的产生。

健美操运动具有协调优美的动作，人们在健美操运动的练习中，动作轻松优美，有利于心理紧张与烦恼情绪的缓解与排除，人们在练习中对健美操运动所带来的欢乐尽情享受，陶醉其中，内心逐渐得到安宁，精神压力逐步得到缓解，从而保持愉悦的心情与积极向上的活力。因此，健美操运动不仅具有强身健体的作用，同时也具有娱乐身心的作用，能够使人在运动中满足自身对美的追求。

健美操运动者在健美操运动练习过程中，随着美妙的音乐节奏进行身体练习，促进了身体的全面锻炼。这样的健美操运动对人的精神压力具有缓解作用，能够对各种心理疾病的产生起到良好的预防作用。

2. 疏导不良情绪

积极的人更容易接受积极的信息，而消极的人则更容易关注消极的信息，这一现象被称为“吸引力法则”，它揭示了人的一种心理状态。如果过于思考或关注某项事物，那么与之相关的信息会大量的出现，由此会使人对此事物的进一步发展构成更深入的影响。用简单的例子来说明这个道理，即如果一个人关注令他心情愉悦的事情，那么他会收到更多与之相关的积极信息，从而让他

更加开心；相反，如果他受到的都是挫折信息，那么越对这些信息思索就越会受到消极的信息，最终形成不良情绪。为了缓解不良情绪对心理的影响，体育锻炼就经常被人们用来消遣不良情绪。因为身体运动会在运动中枢形成强烈的优势兴奋灶，它的兴奋水平要明显高于其他任何兴奋中心。所以这个优势兴奋灶会对其他中枢产生抑制，降低了其他兴奋灶的兴奋水平，这就是体育运动可以消除心理疲劳和不良情绪状态的生理机制。

现代健美操运动的特点决定了它能有效调动和改善人的情绪，将人的消极心理改变，并将人所关注的“吸引力”变消极为积极。参与健美操运动不仅有助于宣泄运动者消极的心理能量，而且通过健美操运动所特有的交流形式经过自然的沟通，可以增进理解，疏导不良的情绪状态，缓解焦虑和抑郁症状，持续的健美操运动还有助于运动者进入一种良好心理的积极循环。

3. 调节人际关系

正常的人际交往可以获得他人的支持和帮助，可以减轻痛苦和悲伤。因此，不断提高个人的人际关系是培养健康心理的有效途径。

健美操属于集体运动项目，众多爱好与喜欢健美操的人聚集在一起进行练习，有利于提高人们社会交往能力。这种形式下进行健美操练习，不仅能扩大人们社会交际范围，还能使人们从单一的生活与工作环境中解脱出来，与不同的人群接触，视野不断开阔，与人沟通的能力也逐步加强，从而丰富了自己的生活。人们在健美操的集体练习中建立了深厚友谊，对个人良好人际关系的形成具有重要影响，是个体获得群体认知的一种重要和有效途径。

在健美操表演活动和比赛过程中，健美操运动者需要在全队训练与比赛过程中进行各方面的沟通。这就为人们参加健美操运动，提供了队友之间自然接触、自然交流的机会，即便是与陌生人组队参赛，他们也能逐渐在场上有所沟通和协调，最后通过几轮比赛彼此成为朋友，这种积极的情绪状态可以使人自信、自尊、自豪、自强，并使烦恼、焦虑、抑郁、自卑等不良情绪得以缓解甚至是消除。因此，经常参加健美操运动，有利于人的心胸开阔，融洽人际关系，提高幸福指数，培养良好的心境和健康的心态。

（三）健美操运动对运动者完善人格、良好审美的促进

人格健康也是健康的一个重要组成部分，由此可见，健全的人格对人在一生中发展的重要性。健美操运动娱乐性、趣味性强，富有美感，具有一定的集体参与性，人们参与其中后会有若干积极的心理体验，这些体验有助于人们逐渐建立起健全的人格精神，并形成良好的审美观，同时，提高自己的气质。

1. 完善个性心理特征

从健美操运动的集体参与性来看，该运动形式对运动者的个性心理特征的完善具有重要的作用。

所谓个性心理特征，具体是指个体身上表现出的带有稳定性和经常性的心理特点。对于健美操运动来说，可以将其从宏观上看成是一种团队与团队之间的对抗，而从较小的层面上来看，它又是团队中人与人的对抗。因此，在集体性健美操运动中的每一个人的发挥都能决定团队的凝聚力，相反也可以说团队的行为需要依靠每一个人来配合。这些特点表明，艰难中需要勇气，常态下需要创新，只有个人能力强，气质和性格健全，个性鲜明和人格独立的人，才敢于冒险和创新，才有可能在复杂困难的条件下坚持运动和健身锻炼，这种个性心理可以在日常生活中对人的心理产生重要的影响。

健美操运动对于运动者良好个性的形成和健康心理的塑造具有重要的促进作用，有助于实现个性心理特征的自由发展。

2. 提高抗挫折的能力

健美操运动的自身规律，健美操运动是一种有氧健身健美运动，要想取得良好的健身效果，必须长时间坚持，此外，健美操运动的一些动作对运动者的身体柔韧性要求较高，集体性健美操则需要队友之间不断地练习和配合才能完成。上述这些都需要运动者付出艰辛的努力，不可能一步到位、一蹴而就，练习过程中，运动者需要克服来自体能、心理与同伴的沟通配合中的一次次失败，这对于运动者的良好抗挫心理的建设具有重要意义。

健美操运动参与者不断获得磨炼自己、屡败屡战、不断进取的体验和心情。通过一次又一次的挫折，不断提高自己抵抗失败打击的心理承受能力，如此进行下去，必定可以练就出一个可以经受千锤百炼且百折不挠的顽强意志。

因此，通过健美操运动可以锻炼运动者谦虚谨慎、不骄不躁的心态，有助于运动者形成勇猛顽强，坚韧不拔，吃苦耐劳的意志品质，由此可以培养青年人的主动性、果断性、控制力、坚持力和创造力，这都是现代人人格精神的内涵，是激烈的社会竞争中必须具备的基本心理素质。

3. 改善精神状态，提升气质美

现代健美操是由美学等科学理论做基础指导的人体运动方式，完成动作时，要求准确、大方、美观，也要讲究在造型、姿态、音乐、服饰、精神等方面具有协调的美感。健美操运动与美学之间具有密切的关系，早在古希腊时期，人们就充分认识到了体育对人的健康美的影响。在当时，健美的形体被认为是美的重要表现。

健美操运动锻炼不仅能促进运动者身体健康，还有助于塑造良好的形体，对于当前我国青少年肥胖群体的形体改善具有重要的促进作用。此外，健美操运动的动作之美、形体之美还会影响和提高参与者的审美意识和审美能力。

具体来说，健美操运动的以下特点，决定了其在改善运动者的精神状态和提高运动者的气质美方面具有重要的促进作用。

（1）现代健美操运动注重艺术性

健美操注重艺术性，尤其是表演性健美操，其艺术性更加全面，综合反映在健美操的各个方面，例如，表演者的化妆、服装、动作表现、队形变化、配合造型，以及音乐选择、音响效果、灯光效应等，力求完美地进行健美操运动的表演。日常健身健美操不需要像现代健美操那样以健身为目的，不需要遵循严格的规律性，没有很强的严谨性。也不需要像竞技健美操那样，遵循严格的规定与要求，其非常强调对运动者艺术个性的体现。

（2）现代健美操运动动作富有特色

健身健美操的形成与发展离不开对艺术表演及其他体育项目的借鉴与吸收，它将其他体育项目的动作进行加工与完善，并把它们有机结合，创造出独特的表演性健美操。所以，不同体育项目的动作风格与特色都能够在健美操中体现出来，而且现代健美操也在配合造型、操化动作、过渡连接等方面与健美操运动的特点十分相似，但它更能将健美操积极向上、健康活跃的动作特征表现出来。

（3）现代健美操运动欣赏价值高

现代健美操运动集舞蹈、健身、健美、音乐于一体，十分强调欣赏性。从这一点来看，在健美操的创编与设计中，欣赏者的兴趣与特征是首先要考虑的重点因素，其次要强调表演动作具有高度的观赏性。健身性健美操和表演性健美操，二者都不需要具备全面、难度系数较高的组合动作，队形也不要求有复杂的变化性，而是重视健美操动作美的视觉效果，注重动作的独特性与新颖性，有助于提高运动者和观赏者的艺术审美。

概况来讲，一个人的气质与风度在很大程度上受到身体姿态的影响。日常生活中对人们身体姿态的要求恰好与健美操运动中对运动者身体姿态的要求基本一致。经常做健美操运动，有利于消除身体中多余的脂肪，使人体的吸收与消耗处于平衡状态，有利于促进肌肉、骨骼以及关节的匀称生长与协调发展，从而改善人们的不良身体形态，促进优美身体姿态的形成与保持，人们在日常生活中的良好气质与修养主要就是通过良好的身体姿态表现出来的，体态良好的人始终散发着一种活力澎湃、积极健康的气息。

三、健美操运动的社会价值

（一）健美操运动对个体社会能力提升的价值分析

现代社会竞争激烈，个体要适应快节奏的现代生活，就必须不断提高自己的各项素质和能力，以适应社会发展，在社会竞争中取得胜利。现代健美操对个体社会能力的提升具有重要作用。

1. 提升运动者的创新意识与领导能力

健美操运动的创编对运动参与者创新精神具有重要的提升作用。现代健美操动作内容丰富、种类繁多，不同动作的组合对健身健美效果的影响不同。在健美操运动过程中，不同的运动者都会尝试不同的健美操动作和健美操动作组合，这会在无形中形成一种创新意识。健美操运动有利于培养人的良好思维能力、应变能力、创新意识和开拓精神。这种优秀品质不仅表现在运动场上，而且也会迁移到日常的工作、学习和生活中，有利于处在不同阶段的人开拓自身、不断创新的精神。

集体表演性健美操运动是一项集体运动，也是一项组织严密和协调运作的体育运动。健美操运动过程中，要求运动者具备良好的个人技术，还需要整个团队协同配合、各展所长、顺畅沟通和配合默契。长期参加健美操运动训练，有利于培养青年人的创新意识和开拓精神，有利于培养健美操运动参与者的合作意识和竞争能力，有利于培养人们的沟通意识和组织能力。这些良好的品质可以影响人的价值观念，可以有效提高运动者的团队管理能力，对健美操运动者的个人领导能力也具有重要的促进作用。

2. 提升运动者的合作意识与竞争能力

集体表演性健美操对运动参与者的合作意识与竞争能力具有重要的提升价值。

在现代社会中，合作是两人或两人以上为达到共同目的，在行动上相互配合的一种互动形式。合作与竞争一样，是人与人相互作用的基本形式。在现代社会中，个人所掌握的知识或能力再多再高也是有限的。现代社会的工作模式几乎全部为团队协作模式，这完全印证了真正的力量在于集体之中的道理，合作是人类社会生活中常见的现象，这种沟通与合作具有普遍的社会意义，是团队获得胜利的基础。

健美操运动中，良好的集体配合与造型表现充满着合作精神，健美操比赛中，团队与团队之间又会形成一种竞争关系。健美操竞赛中的竞争与合作贯彻始终，表演性健美操运动的集体性规律，充分体现在协同配合和团队作风上。运动者只有很好地融入集体，整体才能发挥出最大的力量，并为运动者更好地发挥打下坚实的基础。

3. 提升运动者的沟通意识与表达能力

人们在日常生活、工作和社会活动中会谋求与他人建立一定的感情联系，满足心理需求。友好和亲近的关系会带来正面的心理满足，而如果与他人构成了一种紧张、对抗和敌视的关系则会给生活带来压力和焦虑。所以，人际关系的本质是情感的社会交流，而沟通是人际关系中最基本和最常见的要素和具体表现。

健美操运动练习，能为运动者提供一个与其他人交流的场所和契机，集体性健美操中团队协作的运动本质和队友之间高度依赖的特点为人与人之间的相互沟通提供了良好的平台。在竞技健美操比赛中，个人目标的实现都要依附在集体目标的实现之上，而集体目标的实现又是该团队全体成员共同努力的结果。实现整个团队的集体目标，需要具备良好的组织能力，统一思想，统一行动；同时健美操比赛也为培养良好的组织能力创造了条件。

随着健美操运动的进一步普及与发展，现代健美操运动各种活动和竞赛越来越多，健美操运动逐渐成为人与人、团体与团体、国家与国家之间相互交流的工具，成为建立理解、信任、团结与友谊的桥梁。凡是亲身参与健美操运动或观看健美操比赛的人，都会在共同的参与中得到满足和愉悦，人们在共同体验和欣赏健美操运动美的同时，建立良好的人际关系、社会关系。

健美操运动中人与人、团体与团体之间的沟通，不仅仅是语言的沟通与表达，还表现在肢体语言表达方面，健美操练习能使运动者的表达能力（包括语言表达能力、表情表达、肢体表达等）更加丰富，在现代社会中，一个人要想融入其中就要与他人建立起良好的人际关系，如此在日后开展学习或工作时才能有大家彼此帮助，事半功倍的效果。人与人之间在沟通过程中所获得的心理满足，而人际的交流都依赖于人与人之间的沟通。沟通不仅仅是说话那样简单，往深层次来说，它更像是一门语言的艺术，更是一种能力表现。

4. 提升运动者不同社会角色的适应能力

在健美操运动中，运动者可以体验不同的社会角色，如学员、观赏者、评判者等，艺术化的表演健美操中的情景设置，让运动者体验更多丰富多彩的角色和角色情感。通过在健美操中的角色转移，可以使参与者理解健美操运动中的不同角色和角色转换的心理体验。

人在社会中学习、生活、工作，也需要面临不同的社会角色，如学生、家人、朋友、同事、竞争者、领导者等，这些不同的社会角色的定位与角色的转换也是根据社会的需要确定的，它是与人们的某种社会地位和身份相适应的。在很多情况下，角色如果发生了变化，人的心态也要随之进行调整。经常参加健美操活动，将有助于理解角色的含义，尽快地适应周围环境，并能通过自身的努力，适应不同的社会角色。

5. 改善运动者生活习惯，提高生活质量

健美操运动是一种健康的健身健美操和休闲娱乐运动项目，经常参与健美操运动则可以透过其中影射到现代生活当中，对人们的生活方式产生深刻的影响。

（1）健美操运动对现代人生活习惯的影响

现代人的生活无规律是影响现代人身心健康的一个重要因素。生活无规律源于社会生活中不良生活习惯，特别是现代年轻人普遍精力旺盛。他们处于身体成长期和知识成长期的双重阶段，良好的生活习惯是确保顺利度过青春期的重要基础。良好的生活习惯不仅能促进个人的身心健康，而且对人的未来发展有着直接的影响。尽管我国对此进行了广泛的宣传，但很多年轻人的生活习惯还是令人担忧。据有关调查结果显示，目前现代人的生活习惯还存在作息时间无规律、日常饮食无规律、娱乐休闲无节制以及自我保健意识差等问题，这些还需要在很长一段时间内加以规范。因此，养成良好的生活习惯是我国非常关注的问题，这关系到国家未来的发展。

运动实践表明，经常参加健美操运动的人，白天在运动中消耗了大量的能量，到了晚上睡觉时都会自觉休息，尽快恢复自己的体力，并且注意保证必要的饮食，补充人体必需的能量。

在集体性健美操运动练习过程中，健美操运动对不同学员在训练方面是有一定要求的。这些基本要求都有利于规范现代人的作息时间，保证必要的营养等。现代人生活的规律性，是保障良好的身体素质的前提。因此，经常参加健美操运动有利于培养人的良好生活习惯。

（2）健美操运动对现代人生活节奏的影响

现代社会给人们带来科学技术和巨大财富的同时，也带来沉重的身心负担。越发加快的生活节奏已经成为我国现代化生活的主要特征之一。

现代社会、生活、工作节奏快，各种行业发展和社会关系高速运转，往往会给很多人带来精神压力和身心疲倦。如何适应快节奏的生活始终是人们探寻的问题，而健美操运动则是解决上述问题最积极有效的方式之一。

健美操运动的轻快的音乐和动作练习有利于提高人们适应环境的能力，健美操运动爱好者充沛的体力和精力，是适应快节奏环境的物质基础；健美操运动的趣味性有利于释放人们的身心压力。越来越多的人已积极投身于健美操运动，他们不愿意仅满足于作为一名健美操比赛的欣赏者，而是期待早日身体力行参与其中，亲身体验“生命在于运动”的真谛。

健美操运动能给参与者的生理、心理、社会适应能力均带来良好的发展。运动者从事健美操运动体验到的是身体运动带来的快乐，人际交流带来的愉悦，心理沟通带来的满足，文化交流带来的思考与感悟，实现的是现代人的价值观念和文化追求。健美操运动已经成为现代人生活中的一项重要内容，对于现代人享受健康生活、提高生活质量具有重要影响。

（二）健美操运动对社会发展促进的价值

1. 规范个人社会行为

健美操运动是一项讲究规则的运动，参与者都要在比赛规则的约束下进行表演与比赛。健美操运动比赛中始终贯穿的体育道德精神，有助于规范运动者行为，从而使人获得对现代社会生活方式的模拟与演练，以培养人们形成健康文明的社会行为习惯。

（1）健美操竞赛规则对个人社会行为的约束

健美操运动中，每个运动者的行为都要符合健美操规则，所以就要自觉养成遵守规则的行为习惯。健美操比赛中，任何规则所不允许的比赛言行，不仅要受到规则的严厉处罚，同时还要受到社会规则和社会公德的谴责，情节严重的还将受到法律的制裁。

健美操比赛对于运动员的技术动作有着严格的要求，明确指出什么动作能做，什么动作不能做，可以完成的动作应具有哪些具体的技术标准和要求。因此，参与健美操运动的人在长期“不断提醒与规范行为”的环境中。会逐渐理解与遵守健美操规则，长此以往这种思维会在人身处社会环境中得到潜移默化的影响，即人也越发注重社会行为规范。

（2）体育道德精神对个人的社会行为的影响

健美操运动，作为一种特殊的体育文化形式，其竞赛规则和体育道德精神，从更深的意义上讲，还有文化的约束力，如信仰、伦理、道德等。体育的道德精神和竞赛规则，保证了双方在公平合理的条件下展开攻防对抗，保护健康文明和积极合理的行为，限制粗野动作和不礼貌、不道德的行为。

因此，健美操运动者所拥有的众多良好品质，都会迁移到日常的工作、学习和生活中，有利于规范人的行为。

2. 社会秩序调控价值

现代物质文明的不断发展使普通大众都可以选择更多种类的休闲方式，现代社会休闲与娱乐方式与内容多样，这些休闲娱乐活动对社会发展所带来的作用也是多方面的，其中就既有积极的影响，也有消极的影响。

行为学家认为，对不良生活和休闲方式仅仅依靠压抑和控制，只能受到局部的、暂时的效果，而且这种压抑和控制长久不能找到一条适当的发泄渠道，反而会被积聚下来，爆发出人们难以预料的恶性事件，而让各种不良情绪和行为在一个可控制的范围内发泄的最好途径是体育锻炼，在一定程度上说大众健美操运动可以调适人们的各种压力。

现代健美操运动是一种健康的生活方式，长期坚持参与健美操运动，不仅可以使人们的身体得到有益的锻炼，还有利于运动者良好心理的建设，从而极大地促进运动参加者的身体健康水平保持在较高状态下。身体的锻炼也会促进心理的积极反应，最终实现身心健康、全面发展。

就社会行为构成来讲，通过参与健美操运动，人们的闲余时间和活动内容可以得到正确的引导，向有利于社会进步的方向发展，同时，也有利于促进社会的精神文明建设。

3. 促进精神文明建设

（1）构建社会主义民主意识

民主是社会文明进步的一个重要标志，是文明社会的标志，健美操锻炼参与的大众性和比赛结果评定的公开性，在程序上决定了健美操比赛必定是个民主过程，运动者在参与过程中能建立民主意识。

在我国实施的“全面健身”计划和“奥运争光”计划的过程中，竞技健美操和大众健美操都同样具有很强的吸引力。对于健美操运动爱好者来讲，人人都可以平等地参加每一项健美操活动。并在活动中“获取与其天赋相适应的运动成就"，在健美操正式和非正式的比赛中，每个人都能从组织或锻炼实践中感触民主化程序，这就使得健美操比赛的参与者主动或被动地养成民主化的作风，这有助于其社会性民主意识的形成。

（2）促进社会文化的发展与丰富

健美操运动具有丰富的健身价值，这就使得健美操运动在大众健身运动中具有广泛的群众基础，如今，健美操运动已经成为名副其实的全球性社会文化和全民性健身强体、修德养心的工具和手段。需要强调的是，这种运动性文化色彩的氛围将不断深化，并且成为社会生活的特殊组成部分。另外，世界范围内开展的健美操运动的形式更加多样，其中，比较具有代表性的有街头健美操、轮椅健美操等，这些健美操运动形式有着较强的趣味性和健身性，受到人们的广泛欢迎与喜爱。

就我国健美操运动的发展状况而言，大众健美操不受年龄和性别等因素的限制，受到越来越多的健身健美爱好者的关注与参与，它能够丰富和活跃人们的业余文化生活，推动社会发展与进步，促进社会主义精神文明建设的作用。

4. 社会经济发展价值

（1）提高劳动力质量和工作效率

积极地促进人们的身心健康，提高人们的劳动、工作和学习效率，参与健美操运动可以被看作是对人力资源的一种投资行为。而这种投资所获得的效果就是将人的身体转化为健康的身体，以便更好地投入到生产当中的资本存量，而提升人力资本对促进和实现人的现代化和社会经济的发展具有重要的作用。

（2）促进体育健身及相关产业发展

众所周知，体育的发展能带来良好的经济效益，这一点在现代健美操运动中获得了充分体现。

健美操所特有的保健、医疗、健身、健美、娱乐的实用价值，深受现代人们的喜欢和重视，社会中不同年龄的爱好者纷纷参与到健美操运动中来，并逐渐形成了一定规模的消费群体。

目前，现代健美操比赛已进入商业化阶段，对经济的发展、市场的繁荣、效益的产业化起到积极的促进作用。而备受人们喜爱的大众健美操运动在年龄、性别等方面均无限制，因而对于人们身心健康水平以及工作和学习效率的提高的促进是较为有利的。各种健身俱乐部的兴起，不仅满足了广大人民群众的健美操科学健身及健身指导需求，同时，也促进了体育经济的发展。

现代健美操运动的广泛普及和健美操文化的深入发展，健美操运动逐渐成为具有强大影响力的一项体育娱乐休闲产业，其所带来的巨大经济价值反过来也会促进健美操运动的进一步丰富和发展。

第二章 健美操运动的学科理论体系

第一节 健美操运动的生理学基础

一、人体生长发育和新陈代谢规律

一般来说，健美操运动健身的生理学基础，主要反映在运动过程中人体的生命现象和生命活动规律。

（一）生物的进化

生物进化是一个普遍的过程。关于进化论的理论，主要是指自然选择和用进废退两种进化动力机制的阐述。体育健身运动与人类进化的关系在这两种理论中均可得到合理的解释。体育锻炼从总体上适应自然选择规律，在局部上遵循着用进废退的规律。体育健身能使个体的运动器官及其他器官得到相应的发展，如肌肉体积和重量的增长、骨骼的增长、皮肤的加厚等。人体器官的用进废退是生物进化过程中的一种保护性反应，它能使生物和人体有效地适应外界环境的变化。

（二）个体的生长发育

个体的生长发育过程主要受到遗传过程的控制，包括形态结构、生理机能、运动能力、心理特点直至寿命等各方面都要受到遗传的影响。这种影响是靠遗传程序来制约的。它为个体的生长发育确定了大致的方向和水平。但这种程序不是一成不变的，后天环境可以使这种程序发生一定程度的改变，体育健身就是调节这种程序的基本手段。人体的生长发育过程具有阶段性的特点，在不同的阶段进行不同的健身锻炼，对人的整个生命过程有着举足轻重的影响，生长发育规律对指导身体锻炼具有重要的意义。它不仅指明了不同年龄的个体从事身体锻炼的必要性，而且也说明了身体锻炼必须科学、全面、因人而异，在不同时期要有不同的侧重点。

（三）新陈代谢

新陈代谢是生物体不断与环境进行物质和能量交换中实现自我更新的过程，是物质代谢和能量代谢的总和。物质代谢是指人体与周围环境之间不断进行的物质交换以及物质在体内的转变过程，包括同化作用和异化作用两个相互对立又相互联系的过程。同化作用是指生物体从周围环境中摄取物质合成自身成分，并贮存能量的过程；异化作用是指生物体分解自身成分，同时释放能量，并排出代谢产物的过程。能量代谢则是指物质代谢过程中所伴随的能量释放、储存、转移与利用的过程。食物中的糖、蛋白质、脂肪是建造机体结构、实现组织自我更新的原料，又是体内能量的来源。进行运动时，体内代谢过程比平时大为加强能量消耗增加。有效的体育锻炼能使组织细胞内的酶系统产生适应性变化，提高酶的活动性，加速物质代谢和能量代谢的过程，能量物质的恢复更充分，可达到比锻炼前更高的水平，各器官系统功能增强，这是健身运动增强体质的重要因素，同时，人体在从事运动时，能量的供应是保持充沛体力及良好运动成绩的重要条件。新陈代谢是生命的基本特征之一，它一旦停止，生命也就结束了。同化作用与异化作用是相互依存同时进行的，在人体生长发育的不同时期以及身体锻炼过程中，具有不同的特点。儿童和少年时期，同化作用占优势，体内物质合成速度大于分解速度，从而人体不断地生长发育；中年时期同化作用和异化作用基本上处于平衡状态，使得中年人精力充沛，新陈代谢旺盛；老年时期，异化作用则占优势，身体渐趋衰退，衰老加剧，使得老年人体质不断下降。身体锻炼时，体内能量消耗增加，异化作用占优势，而在锻炼后的恢复阶段，被消耗的能量物质得到恢复，同化作用则占优势，从而增加了人体的物质能量代谢。

二、人体肌肉的工作原理

（一）肌肉的基本结构

人体的运动是由运动系统实现的。运动系统由 206 块骨骼、600 多块肌肉以及关节等构成。骨骼构成人体的支架，关节使各部位骨骼联系起来，由肌肉的收缩放松来实现人体的各种运动。组成人体肌肉的基本单位是肌纤维，许多肌纤维排列成肌束，表面有肌束膜包绕，许多肌束聚集在一起构成一块肌肉。

肌肉的化学组成中大约3/4是水，1/4是固体物质（包括蛋白质、能量物质、酶等），同时肌肉中有着丰富的毛细血管网及神经纤维，保证肌肉的氧气和养料供应及神经协调。

肌纤维是一根长圆柱形细胞。每条肌纤维外面包有的一层薄膜叫肌膜，相当于细胞膜。肌膜内除肌浆外，中间有许多根圆柱状上面带有横纹的肌原纤维。肌原纤维由粗细不同的两种蛋白质微丝构成，粗微丝由肌球蛋白构成，而细微丝则是以肌动蛋白为主同肌钙蛋白和原肌球蛋白等共同构成。粗细两种蛋白微丝平行相间排列，肌肉的收缩就是由这两种蛋白质微丝相对滑行而实现的。体育锻炼能使肌肉结实粗壮，是由于锻炼能使肌纤维中的蛋白质含量增加，从而使肌纤维增粗。

（二）肌肉的成分和收缩形式

人体肌肉组织结构是肌纤维和结缔组织，分别构成肌肉的收缩成分和弹性成分。肌组织是肌肉的收缩成分，通过肌纤维的主动收缩和放松，实现各种运动；结缔组织是肌肉中的弹性成分，它与肌肉中的收缩成分并联或串联着，称并联（或平行）弹性成分或串联弹性成分。当收缩成分缩短时，弹性成分被拉长，并将前者释放的能量部分吸收、储存起来，然后再以弹性反作用力的形式发挥出来，以促使肌肉产生更强大的力量和更快的运动速度。

根据肌肉在完成各种动作时的长度变化，可将肌肉的收缩分为多种形式，这里仅简单介绍向心收缩、等长收缩和超等长收缩三种形式。

1. 向心收缩

向心收缩是肌肉长度发生缩短的收缩形式，在力量练习中是最普通的一种。例如，利用哑铃、沙袋、杠铃、拉力器等器材锻炼肌肉均属此类。一种新的向心收缩，在向心肌肉收缩中可因其在关节活动范围内参加收缩的肌纤维数目的不同变化而区分为两种：①在肌肉用力收缩过程中参与收缩的肌纤维的数量，只在关节运动范围中某一点较大，而其余部分较小，因而肌肉收缩的力量只在关节某一角度才是其能力的100%，在关节其余角度则小于100%，如屈肘举哑铃锻炼就属此类。由于这种收缩在整个收缩过程中各种角度的力量大小存在差异，故称为异力性收缩；②在肌肉收缩开始至结束全过程各关节角度内，肌肉中参与收缩的肌纤维数量都相同，产生的力量均为其能力的100%，故称等力性收缩，又称等动收缩。目前已有多种运动练习器，锻炼力量的效果比一般向心练习方法要好。

2. 等长收缩

当肌肉收缩产生的张力与外力相等，或是维持身体某一种姿势时，肌纤维虽积极收缩，但肌肉的总长度没有改变，这种收缩称为等长肌肉收缩。肌肉处于等长收缩时，从整块肌肉外观看，肌肉长度不变，但实际上肌肉的收缩成分（肌纤维）是处在收缩中而使弹性成分拉长，从而整块肌肉长度保持不变。

3. 超等长收缩

超等长收缩是肌肉先进行离心收缩后，紧接着进行向心收缩的形式，例如，跳起落地紧接着再向上跳，此时肱四头肌先在落地时离心收缩（被拉长），紧接着又立刻猛烈向上跳起。这种练习方法对肌肉锻炼价值较大，又称离心向心收缩或弹性离心练习。

（三）影响肌肉收缩力量的因素

1. 肌肉的横断面结构

肌肉生理横断面增大是由于肌纤维增粗造成的，而肌纤维的增粗则主要是收缩性蛋白质含量的增加，因而两种蛋白质微丝收缩滑行时产生的力量就增大。负重血肉力量练习对增大肌肉生理横断面有良好效果。

2. 肌肉的初始长度

肌肉收缩时的力量与收缩时肌肉所处的长度状态有关。如果肌肉收缩时已经处在缩短状态或过分拉长状态，都不能发挥最大力量。只有当肌肉收缩时肌肉处在适宜的预先拉长状态，才能有利于最大力量的发挥。正确的运动技术多包含这一因素，如投掷标枪前的引枪、踢球前腿的后摆等，都是为了取得最佳的初长度。因此，掌握正确规范的运动技术动作，也是发挥最大肌肉力量的重要条件。

3. 肌肉收缩的代谢适应

肌肉的收缩放松有赖于能量的供应，经常进行力量锻炼，能使肌肉产生一系列代谢适应性变化，如肌肉中毛细血管网增加，保证氧气及养料的供给；肌肉中能源物质（如肌糖原等）含量增加；肌肉内各种酶活性提高等，从而保证肌肉的发挥。

4. 肌群的协调能力

在现实生活中，常见到两个人肌肉发达程度相似，但力量并不相同，这是由于肌肉中肌纤维的动员程度及各肌肉群之间的协调能力的差异造成的。一个不经常锻炼的人，最大用力时大约只能动员 60% 的肌纤维参加活动，而经常训练的运动员，则可动员 90% 的肌纤维参加活动，力量当然就大。

三、运动中的能量供应

（一）运动中的能量供应系统

运动者在参加健美操运动的过程中，需要依靠各种营养物质提供的能量来维持体能。营养物质中的能量并不能直接用于细胞活动，只能在细胞中发生化学反应时释放出来，并经过转变、合成的过程，以高能化合物三磷酸腺苷的形式储存。因此，三磷酸腺苷是人体能量的直接来源。三磷酸腺苷主要是由葡萄糖和糖原在细胞内燃烧分解后形成，在形成的过程中有以下三种途径，所以人体存在三种能量系统。

1. 有氧氧化系统

人体在有充足氧气存在的情况下，葡萄糖在细胞内分解成二氧化碳和水，并释放出大量的三磷酸腺苷作为能量的转换。长距离跑和一些球类等耐力项目需要此系统的供能能力。运动开始时主要依靠糖提供能量物质，随着时间的延长，脂肪供能的比重逐步增加，同时蛋白质也参与少量的供能。有氧代谢供能能力在很大程度上反映了一个人的心肺功能和耐力素质情况。要提高有氧供能系统供能能力，宜采用较长时间的中等或较低强度的匀速跑，或较长间距的中速间歇训练等。这种有氧分解的产能效率很高，是为身体提供长期能量储存的主要途径。

2. 乳酸能系统（无氧糖酵解系统）

乳酸能供能系统是在机体处于缺氧情况下的主要能量来源。乳酸能系统对人体进行能量供应，它的作用与磷酸原系统一样，能在暂时缺氧的情况下迅速供能。如田径运动中的400米、800米跑主要靠乳酸能系统来供能。当人体肌肉快速运动时间持续较长后，磷酸原系统供能能力已不能及时供三磷酸腺苷补充，于是动用肌糖原进行无氧酵解供能。这一系统供能不需要氧，但产生乳酸积累。人体乳酸能系统供能能力最大持续时间约33秒。乳酸能系统供能能力的优劣主要和速度耐力有关。中距离跑主要需要速度耐力。要提高速度耐力，就要发展乳酸能供能系统的能力，而最适宜的手段是全速（或接近全速）跑30～60秒，间歇休息2～3分钟。这种手段能使血乳酸达到最高水平，能锻炼和提高对高血乳酸的耐受能力，提高乳酸能系统供能能力。由于乳酸能系统在提供能量时不需要氧，所以在人体缺氧时，它可以取代氨基酸、脂肪酸等供能物质而发挥它独特的作用，尽管在这个系统中糖原产生的能量比较少，但可以积少成多，同样满足人体的需要。糖酵解的代谢产物为乳酸，乳酸在肌细胞中的大量增多可以对三磷酸腺苷的合成起抑制作用，而且能引起肌细胞代谢性酸中毒。此外，乳酸能供能系统功能速度较快，维持供能时间也比较长。

3. 磷酸原系统

这个系统是当三磷酸腺苷分解放能后，CP立刻分解放能以补充三磷酸腺苷的再合成，这一过程十分迅速，不需要氧气也不会产生乳酸，因此也称非乳酸供能系统。但这个供能系统持续供能时间很短，生理学研究证明，全身肌肉的磷酸原系统供能能力仅能持续8秒左右。这一系统供能能力的强弱，主要和绝对速度有关，它的特点是供能绝对值不大，持续时间很短，但是它供能快速，三磷酸腺苷是细胞唯一能直接利用的能源，其能量输出的功率也最高。在体育运动中短跑、跳投、旋转、冲刺等爆发性的动作，全部依靠磷酸原的贮备供能。发展这一系统供能能力的训练，最好是采用每次持续10秒以内的全速跑进行重复练习，中间间歇休息30秒以上。如果，间歇短于30秒，由于磷酸原系统恢复不足，就会产生乳酸积累。

（二）能源物质的消耗与补充原理

人体在运动时需要消耗一定量的能源物质来维持人体的运动，那么，一定量的能源被消耗后，必然要有相应的能源补充。能源物质的消耗与补充也是人体的一种生理循环系统。简单地说，人体运动时直接消耗三磷酸腺苷，但最终却是消耗糖、脂肪、蛋白质。

安静时，身体所需要的能量几乎一半来源于糖类的分解，一半来源于脂肪。蛋白质用于构成身体的基本成分，也可以为细胞提供少量能量。肌肉收缩强度由低到高时，糖利用比例越来越大，脂肪供能比例越来越小；在短时间高强度运动中，三磷酸腺苷几乎全部由糖分解合成。

运动中合成三磷酸腺苷的主要来源是糖和脂肪，但由于运动的具体情况不同以及糖和脂肪的供能状况和供能特点的不同，所消耗的比例也存在相应的差异。一般来说，糖可以进行无氧发酵解和有氧代谢，而脂肪仅能进行有氧代谢。正是这一特点，使不同运动中二者的供能比例不同。如运动初期或时间短、强度大的运动，主要是消耗糖，因为这时主要是无氧代谢过程；而时间长、强度较小的运动，脂肪的消耗比例增加，蛋白质也将参与供能。因此，要消耗体内的脂肪，应进行强度不大，但持续时间较长的运动，才能达到效果。此外，人体摄入膳食的类型对体内供能状况也具有重要的影响。合理的饮食和均衡的营养物质，足以能保证身体进行有效的活动，经常食用牛奶、肉、鱼、蔬菜、水果和粮食制品，都能满足从事力量或耐力锻炼的需要。当进行力量项目锻炼时，蛋白质和无机盐类的需要量可以略增加。运动比赛前如食用含糖高一些的食物（或称高糖膳食），有助于比赛开始后糖能源的利用，运动能力比食用普通膳食者有所提高。

通常情况下，运动者在运动竞赛或健身活动开始前一段时间，通过调整膳食结构，使肌糖原含量增加，称为糖充填（或肌糖原充填）。这对提高运动能力和竞技水平，取得良好成绩、使身体素质得到有效的锻炼都有重要的意义。特别要注意运动或比赛前的饮食安排，具体来说，赛前食物的种类最好和平常相同，要为参赛者所熟悉，以符合心理因素的要求，宜吃易消化吸收的食物，少吃脂肪肉类，以免比赛时腹部有饱胀感而影响成绩。饮食的量约“八成饱”

即可，适当饮用咖啡和茶，有助于运动时脂肪能源的利用，勿食刺激性食品等。

（三）超量恢复原理

一般健康人在运动时，身体内各种能量物质逐渐消耗，在运动后不仅可以恢复到原有水平，而且还会超过原来的水平。在运动生理学中把人体运动时的这种现象称为“超量恢复”，它是在身体锻炼中，由于体内的能量物质的大量消耗，机体便产生了疲劳。锻炼停止后，消耗的能量物质又重新得到补充，于是就逐渐恢复到运动前状态，而且在一段时间内还出现超过原来水平的情况。实际上，有机体的恢复过程并非锻炼结束后才开始的，而是在锻炼中随着能量物质分解的再合成就已经开始了。超量恢复原理是人体机能在体育运动中不断得到提高的理论依据。

超量恢复的强弱和运动量大小有着密切的联系。在一定限度内，运动量越大，肌肉和各器官的功能就动员得越充分，能量物质消耗越多，超量恢复就越显著。但如果运动量过大，超过了人体正常接受的范围，会使恢复过程延长，甚至会出现过度疲劳而有损于健康。如果运动量过小，身体没有得到充分的运动，疲劳的程度较小，超量恢复不显著，甚至不会出现，影响锻炼效果。

四、人体运动时的氧供应

氧是人生存与发展所必不可少的物质，它对人体及人体的多种活动具有重要的意义。人体维持某种生理活动需要足够的能量，体内氧化某些能源物质所必不可少的氧量，称为需氧量。人体在运动时需要氧运输系统来完成体内氧的供应和输送。肌肉活动期与恢复期所需要的氧量称为总需氧量。每分钟所需要的氧量称为每分需氧量。由于呼吸和循环系统在运动开始初期有较大的惰性，不能和肌肉的收缩活动同时进入工作，以致氧的实际供应量暂时落后于需氧量；不足的部分，在运动后的恢复期偿还。运动时随着强度的增大，需氧量相应增加。从运动生理学的角度看，人体的供氧能力，即人体摄取、运输和利用氧的能力，是决定以有氧代谢供能为主的耐力运动能力的基础，也是决定人体体能水平的基础。

氧气的摄取和运输是通过呼吸、血液循环来联合实现的，它们合称为氧运输系统。氧运输系统对人的健康及生命活动有十分重要的作用，它把氧气从体外吸入体内并运送到各器官组织，供人体生命活动的需要。

呼吸系统把氧气从体外吸入体内，氧气进入血液与血液中的血红蛋白结合，由心脏这个血液循环的动力站不停推动，使血液流遍全身，将氧送到各组织器官。人体从外界环境摄取氧的能力受氧运输系统各个环节功能能力的制约。

人体的运动需要消耗能量。能量的来源实际上是来自体内能源物质的氧化分解。运动越剧烈，能源物质分解越多，消耗的氧也越多。单位时间内（通常以分钟为单位）人体所需要的氧量称为需氧量，安静时成人每分钟需氧量为250～300毫升。运动时人体消耗的氧量，加上运动后恢复期消耗的氧量，称为总需氧量。人体在运动时每分钟所需的氧量，称为每分钟需氧量。在运动过程中所测得的需氧量，实际上包含着维持人体处于安静状态时所需要的那部分氧量在内。所以：

总需氧量＝运动期的吸氧量＋恢复期的吸氧量－安静时的吸氧量

从总需氧量的数量上看，不能完全反映运动程度对它的影响，需要采用每分钟需氧量这个指标。每分钟需氧量与运动强度成正比。

人体处于安静或轻微活动的状态时，需氧量完全能从吸氧量中得到满足，体内糖原可以得到充分的氧化分解，生成二氧化碳和水，没有乳酸堆积（有氧代谢）。当激烈运动时，需氧量超过人体最大吸氧量，这时肌肉活动所需要的部分能量要由糖原的无氧分解（酵解）来维持，糖原酵解的中间产物乳酸逐渐在体内堆积（无氧代谢）。人体在无氧代谢过程中欠下的这部分氧，是在活动结束后的恢复时期内偿还的，亦称氧债。

当人体在运动中呼吸和循环系统发挥出最大机能水平时，每分钟所能摄取的最大氧量，称为最大吸氧量（氧极限）。最大吸氧能力的高低，主要取决于心脏泵血功能即心脏输出量的大小和肌细胞的摄氧能力，通常可用下列公式表示：

吸氧量＝搏出量×心率×动静脉氧差

经常参加健美操运动，特别是进行耐力性质的锻炼可使心脏的贮备能力以及肌细胞利用氧的能力提高，最大吸氧量也能得到增强。

第二节　健美操运动的心理学基础

一、个性心理与健美操运动

个性是指具有一定倾向性的比较稳定的心理特征的总和。一个人在其心理活动中表现出的具有稳定性的心理特征就是个性心理，具体包括能力、性格和气质。这些特点对个人的全部行为都具有一定的影响，因而也影响着人们参与健美操运动的行为。

（一）能力

能力是完成某种活动必备的心理特征，如观察力、思考力、记忆力、注意力、想象力等。能力是运动者掌握健美操运动技能，提高运动成绩的基础。不同人的能力各有特点，因此存在多方面的差异，如能力类型的差异、能力表现时间早晚的差异、能力发展水平的差异。因此在健美操教学与训练中，教师要因材施教，以不同学生的能力特点为依据，采用不同的教学方法，使全体学生都能提高自己的健美操运动技能。

（二）性格

性格是个人对现实的稳定的态度和习惯化的行为方式。作为一种个性，其与能力一样，都是一种较为稳定的心理特征，且人与人之间的性格都有差异。性格特征有特殊的表现，具体表现如下：

第一，性格是现实社会关系在人脑的反映，个人的思想意识和行为习惯能够从其对现实的稳固态度和采取的某种行为方式中得到反映。

第二，性格特征比较稳定，但又有可变的倾向，它是一种具有稳定性、经常性及一贯性的表现。性格又是可变的，如一个胆小怕刺激的大学生，经过长时间的健美操运动训练和多次比赛，很可能变成一个坚强的运动员。

（三）气质

气质是人的心理活动的稳定动力特征。不同气质类型的大学生，其在健美操学练中的行为表现会有不同的差异。了解或鉴定大学生的气质类型，对开展健美操教学工作是十分有利的。气质类型可以说是大学生参与健美操学练的一项重要的心理依据。

心理过程是在每一个具体个体的身上发生的。心理过程和个性心理之间的联系非常密切。个性心理是通过心理过程形成的，并在心理过程中表现出来，已经形成的个性差异又制约着心理过程的发展。对此，对健美操运动的心理学基础进行研究时，要重点将心理过程与个性心理综合起来进行研究。

二、健美操运动者的心理过程特点

人参与健美操时的心理活动从产生、发展变化到完善的过程，就是所谓的参加健美操运动的心理过程。一般来说，这个过程比较复杂，可以把这个复杂的心理过程分为确定的领域即情感过程、意志过程和认识过程三个方面，健美操运动对这三个方面起着重要的影响和作用。

（一）情感过程

1. 健美操运动对情绪的影响

通常情况下，可以将情绪归类为心境、激情和应激三个方面。其中，心境是具有感染的、比较微弱而持久的情绪状态。激情是迅速的、猛烈的、爆发的、短时的情绪状态。激情往往伴随明显的外部表现。如人们在参加健美操运动时，可以很高兴地发挥自己，表现为各式各样的状态。应激是出乎意料的紧张情况所引起的情绪状态。在突如其来的十分危险的条件下，在必须迅速地、几乎没有选择余地的时刻，容易出现应激状态。经常参加健美操锻炼者就能在应激的状态下，进行非常迅速的反应，利用过去做动作的经验集中意志力，果断地作出判断和决定。应激情绪状态惊动了整个有机体，它能很快地改变有机体的激活水平，心率、血压、肌肉紧张度发生显著变化，引起行动的积极化。

2. 健美操运动对焦虑和抑郁的影响

对普通人产生困扰的两种最常见的情绪，就是焦虑与抑郁。锻炼可降低特质性抑郁，也可降低状态性抑郁，还可降低精神病患者的抑郁。有氧健美操和竞技健美操等均可降低抑郁，锻炼的持续时间和频率与抑郁降低程度有关。锻炼比放松练习和其他愉快活动能更有效地降低抑郁，锻炼与心理治疗相结合比单纯进行锻炼能更有效地降低抑郁。

锻炼对焦虑的控制作用一般是与对抑郁的控制作用同时产生的，但可能存在一点不同，这就是无氧练习可有效地降低抑郁，却不能有效地降低焦虑，这提示人们如果希望改善整体的情绪状态，最好采用有氧练习。第一，有氧练习可降低焦虑、抑郁；第二，有氧练习对长期性的轻微到中度的焦虑症和抑郁症有治疗作用；第三，锻炼者参加锻炼前的焦虑、抑郁程度越高，受益于锻炼的程度也越大；第四，锻炼后，即使心血管功能没有提高，焦虑、抑郁程度也可能下降。

3. 健美操运动对心理状况的影响

心理紧张、压抑和烦恼的生活方式是引起人们心脏病的首要危险因素。有资料显示，90% 以上头痛的人得的是一种叫“紧张性头痛”病，可见人的情绪和精神状态对人的健康影响非常大。每个人体内都有一种最有助于健康的力量，这就是良好的情绪力量。有氧运动能成功地减轻大学生们在考试期间的忧虑情绪。有人还发现，有紧张情绪的人，只要散步 15 分钟后，紧张情绪就会松弛下来。在整个有氧运动中，有成功的喜悦，有进步的满足，还有胜利的欢乐；改变环境，精神束缚感消除；大自然优美环境的刺激，可以使人产生心旷神怡的愉快心境。这些对人的心理和整个机体的健康都是非常重要的。研究表明，女性的性格与运动能力有关，一般来看，运动能力高的女性比运动能力低的女性有“活动性”“从容不迫”“支配性大”“社会外向性”等特点。健美操锻炼影响人的情绪，进而影响人的性格。研究人的行为的心理学家认为，如果一个人相信独立自主、最有高度自尊的良好自我形象是男子化的话，那么锻炼确实会使女子“男子化”，也就是说，锻炼可以使你增强自信，可以使你意志顽强，可以使你自尊、自立、自强，可以使你有一个好的形象。

（二）意志过程

健美操运动对人意志品质的影响主要表现为坚强的意志品质。坚强的意志品质具有非常重要的作用和意义，具体表现为，其是克服困难、完成各种实践活动的重要条件。

1. 健美操运动对自觉性的影响

意志的自觉性是对行动目的有明确而深刻的认识、并使自己的行动符合行动目的。自觉这种品质反映着一个人的信念和世界观，它贯穿于意志行动的始终，也是产生坚强意志的源泉。有自觉性的人，具有行动目标的明确性，不仅对行动目的产生动机的合理性有清楚的了解，而且对行动目的达成时所具有的社会意义也有明确认识。因此，他相信自己的目的是正确的，行动的前途是光明的。

健美操运动是在音乐伴奏下进行的一种自觉行为的运动方式，因为健美操运动有增强运动系统的功能，经常进行健美操锻炼可以提高关节的灵活性，使肌肉的力量增强、体积增大，使韧带、肌腔等结缔组织富有弹性。对青少年来说，由于做健美操对肌肉、骨骼、关节、韧带均有良好的刺激，持之以恒地锻炼可促进软骨的生长，有助于青少年身体增高，骨质更为致密、结实，促进心血管系统机能的提高。人在进行健美操运动时，肺通气量成倍增长，肺泡的张开量提高，从而增大了肺部的容积和吸氧量。经常参加健美操锻炼会使呼吸肌变得有力，安静时呼吸加深、次数减少，运动时吸氧量大，从而使机体具有较强的有氧代谢能力；改善消化系统的机能能力，加强了肠胃蠕动，增强了消化机能，有助于营养的吸收和利用。参加锻炼者通过活动使身体受益，产生良性循环，产生自觉行为。

2. 健美操运动对坚持性的影响

意志的坚持性是善于控制或支配自己的行动。坚持性这种品质表现在两个方面：第一个方面是善于迫使自己去执行已经采取的决定，即积极克服在实践中的一切困难；第二个方面是意志的坚持性是在行动中坚持决定，百折不挠地克服一切困难去达到行动目的。坚持性这种品质的特征是在行动中不顾任何挫折与失败，不怕任何困难与障碍，总能以充沛的精力和坚韧的毅力顽强地坚持达到行动的最终目的。

健美操运动能焕发精神面貌，同时，健美操音乐带来了生机，使动作充满青春活力，人们在欢乐的气氛中进行锻炼心情愉快，不易疲劳，还可排除精神紧张。在这种使人的心灵和情操得到陶冶和净化、身体得到全面协调的发展、健康的娱乐消遣活动中，人的精神面貌和气质修养都会有所改善和提高，特别是集体配合练习还有助于增进友谊，增强群体意识，使人能严格要求自己百折不挠地锻炼。这种锻炼身心的双重功效又催化人们以坚韧的毅力达到健美的目的。

3. 健美操运动对果断性的影响

意志的果断性是善于明辨是非，并能迅速而合理地采取决定和执行决定。深思熟虑和当机立断是果断性这种品质的特征，它以自觉性为前提，与思维的敏捷性有密切联系。具有果断性的人，能够清醒地、全面而又深刻地考虑行动的目的及其达到的方法和所决定的重要性及其实现的可能性。

健美操运动能塑造健美形体，培养端庄体态。健美操是动态的健美锻炼，动作频率较快，有一定的运动负荷，因而消耗一定的身体能量，消除体内多余的脂肪，在减少多余脂肪的同时发展某些部位的肌肉，使人的形体按健美的标准得以塑造。此外，通过经常性正确的形体动作锻炼，能矫正不正确的身体姿势，培养正确端庄的体态，使锻炼者的形体和举止风度都会发生良好的变化，提高身体素质，提高艺术素养。健美操是一项要求力度和幅度的身体练习，经常参加健美操运动可使肌肉的力量得到增强，肌腱、韧带、肌肉的弹性得以提高，从而发展人体的力量和柔韧素质。健身性健美操持续时间长，竞技性健美操强度大，因此要求练习者具有良好的耐力素质。同时，健美操是由不同动作类型组成在方向、路线、幅度、力度、速度等因素上有一定的变化。学习健美操能提高人的动作记忆和再现能力，提高神经系统的灵活性、均衡性，从而发展人的协调能力，并能迅速采取行动，培养意志的果断性。

（三）认识过程

健美操运动对认识过程也会产生一定的影响，这主要体现在以下几个方面。

1. 健美操运动能够使运动表象成熟

健美操运动是以身体锻炼为基本手段，在音乐伴奏下的一种增进健康、娱乐身心的体育运动项目。人们在参加健美操运动时，对健美操运动的音乐、练习的环境、指导员的指导水平等均表现出一种好奇。这种好奇在一定意义上使人们主动、积极地参加锻炼，使锻炼者产生正效应。经过长时间锻炼，锻炼者在锻炼时肌肉有了动力感、速度感、加速度感、方位感和节奏感，这就是运动表象成熟的体现。

2. 健美操运动有助于想象力丰富

人们在认识健美操和参与健美操运动的过程中，不仅能感知到直接作用于感觉器官的动作、音乐和指导员给予的肌肉、神经等因素的刺激，而且在思维和指导员指导动作的共同参与下，还能在头脑中创造出某些没有经历过的动作形象来，重新创造出新颖的动作。还可以根据一定的目的、人物创造出新的动作形象。这种运动中产生的创造想象能力为人们工作中的发明创造提供帮助。这种丰富的想象力可以使参与者产生对健美操运动的理解，推动他们进行长期的健美操锻炼，激发他们在健美操练习中的积极性，成为健美操练习甚至终身体育的执行者和受益者。

3. 健美操运动有助于动作思维敏捷和形象思维丰富

健美操运动的主体是人，在整个活动过程中，身体四肢、躯干、头等部位不停地进行着活动，进行一种组合式的动作思维。这种动作思维过程是凭借实际动作才能进行的一种思维，能解决健美操中的许多实际问题。在健美操运动中，运动的环境、音乐、场地、指导员等运动的场面都是以形象为特征的，这些形象是通过练习者的形象思维而产生的。形象思维的结果是具体的，并以此来反映健美操的科学运动的本质和规律，又是运用直观形象去解决问题的。

三、健美操运动技能形成的心理过程

（一）运动技能形成的心理学原理

运动者在学习和掌握健美操运动技能的过程中，学习和掌握各项目运动技术的效果在很大程度上受到个体心理因素的影响，这些心理因素主要包括运动知觉、心理定向、情绪、注意、意志、个性心理特征等。

1. 运动知觉在体育运动技术形成中具有非常重要的作用

人脑对外界事物和人体自身运动状态的反映，就是所谓的运动知觉。人脑对外界事物运动状态的反映被称为客体运动知觉，相反，人脑对自身运动状态的反映则被称为主体运动知觉。这两种运动知觉在体育运动技术的形成与掌握中的作用是独特的。运动技术是以运动操作为基础实现的，而准确、协调的运动操作，则是以高度分化的运动知觉为基础而实现的。所以，精确分化的运动知觉在运动技术练习中具有重要作用，正确的运动知觉是掌握各种技术动作的重要心理因素。运动知觉的构成要素有很多，其中，主要有平衡知觉、速度知觉、专门化知觉和空间知觉等。

（1）平衡知觉

人们在日常生活中的清醒状态时，头部多是保持与地面垂直的位置，即使偏离，也是短时间的和小幅度的。但在一些健美操运动项目中，运动者经常要完成一些倒立、旋转和空翻动作，这需要运动者使自己的身体保持一定的姿势。这种改变头部日常习惯位置的活动，对运动员的平衡知觉能力提出极高的要求。

（2）速度知觉

对自身身体位移在时间上的反应，就是所谓的速度知觉。反应速度的途径主要有两种：一种是可借助视觉、听觉信号来感知；另一种是凭借肌肉运动感觉的信号来估计。速度知觉是走跑类项目运动参与者的重要心理特征。它是运动参与者准确估计自己的体能，合理和正确地分配力量所必备的心理因素。

（3）专门化知觉

感知觉是人们认识客观事物的开端，因此运动技术的形成，也是由感知开始的，任何一门专项运动技能都是由很多细节所组成的复杂结构体系，都有自己的基本规律，并对练习者有一定的身体、生理和心理方面的要求。专门化知觉就是专项运动对练习者心理要求的一个重要方面，它是个体在运动实践中经长期专项训练所形成的一种精细的主体运动知觉，它能对器械、场地、运动媒介物质以及专项运动中的时间、空间特性等做出高度敏锐和精确分化的识别和感知。专门化知觉所从事的运动项目不同而表现出不同的特征，如球类项目的“球感”，各种使用专门器械运动的“器械感”，等等。需要注意的是，专门化知觉并不仅仅是一些感觉综合和高度发展的产物，而且其发展与一些因素有关，较为主要的有练习者的表象、运动经验、思维和想象等几个方面。

（4）空间知觉

空间知觉是对物体空间特性进行反应的知觉，具体来说，其主要包括形状知觉、大小知觉、距离知觉、立体知觉、方位知觉等几个方面。个体在运动场上的所有活动，随时都需要在空间知觉的帮助下进行。如射门、投篮、击球、扣球、传球、抢断球、突破过人等。在完成这些活动前，个体必须首先判断出球、对方队员、同伴队员和自己的空间特征情况和彼此间的关系。此外，在一些投掷项目中，个体要在高速旋转后将器械按照一定的方向和角度投出去，必须在旋转过程中保持清晰和准确的空间知觉。

2. 心理定向在体育运动技术形成中具有非常重要的作用

动作开始以前和完成动作过程中心理的准备状态和注意的指向性，就是所谓的心理定向。心理定向是掌握和提高健美操技术动作的重要心理条件。心理定向往往会引起一系列综合反应和心理活动的调整，进而影响到运动者合理技术的形成。通常情况下，准确的心理定向，可以使动作在内容、结构方面调整得与技术动作的特点完全一致，这时，学习者便会在头脑中设计出达到目的的行动模式，这些模式反映了活动所要取得的结果，并能依照这种结果调节自身的全部行动。在学习运动技术的过程中，练习方法和手段不同会引导学习者形成不同的心理定向，而不同的预先心理定向对形成不同的技术特点和风格也会产生重要的影响，之所以会导致这样的后果，主要是由于学习者注意力的集中点不同而造成的。

3. 情绪在运动技术形成中的作用

人体对客观事物是否符合自己的需要而产生的体验，就是所谓的情感；而情绪则是情感体验过程的具体形式。从心理学的研究中可以看出，情绪对健美操运动技术的形成与掌握起着非常重要的作用。

不同体育项目对学习者有着不同的情绪要求，在健美操运动中，运动参与者都带有强烈而鲜明的情绪体验。这种情绪体验具有增力的特点，是由运动参与者为了克服各种困难而产生的生理状态变化所引起的。在不同的环境条件和身体状态下，运动者就会产生不同的情绪体验以及复杂的情绪变化。

而在健美操运动中，情绪体验的特点主要表现为鲜明、强烈、多样、易变。就是因为这些特点，才使体育运动中情绪与动机关系的特殊性得以造就。在训练和比赛中，情绪的动机作用是非常明显的。

4. 注意在健美操运动技术形成中的作用

注意是心理活动对一定对象的选择性指向和集中，是一种心理状态。在健美操运动技术的学习中，不同运动项目有着不同的集中注意的指向。

在学习和训练健美操运动技能过程中，要求在完成动作的过程中注意力全部集中在解决当前主要任务上。例如，在短跑练习中，起跑时的注意力都集中于即将发生的起动动作和感知刺激信号。运动者在训练的过程中可能会因外界刺激的干扰而引起无意注意，此时产生的无意注意对于正确控制自己的情绪具有重要的作用。但随着疲劳的加深，有时也需要有意识地将注意力从身心活动方面移至其他方面，以消除因长时间的注意高度集中而带来的身心疲劳。

5. 意志在健美操运动技术形成的作用

意志是人们为了实现既定目标而支配自己的行动并在行动时自觉克服困难的心理过程。意志和行动是不可分割的，意志支配行动，同时也在行动中得以体现。

如在健美操运动锻炼中，走、跑类运动是有意识、有目的的行动，以最快的速度完成一定的距离、达到既定的体育目标，是其主要目的。为了提高运动技能，运动者需要付出巨大的意志努力。这种意志努力是与参与者克服各种来自机体内外部困难以及正确估计时间、合理分配能量、实施预定的战术任务相联系的。这种意志主要在运动参与者克服来自机体内外部的困难，合理地掌握节奏、正确地分配力量、最大限度地使用力量得到充分的体现，同时，在克服因使用最大力量而造成的身心极度紧张、动员一切潜力达到至高或至远点方面也得到一定的体现。因此可以说，健美操运动者的意志品质是以自制性、自信心、果断性、顽强性、自觉性的特征。

（二）运动技能形成的阶段性特征

运动技能的形成是有阶段性的特点的，不同的阶段具有不同的特点，一般来说，可以把运动技术的形成划分为三个阶段，即动作的认知阶段、动作的联系阶段以及动作的完善阶段。

1. 动作的认知阶段

在技能学习的初期，练习者的神经过程处于泛化阶段，这一阶段具有较为显著的特点，具体来说，主要表现为：内抑制过程尚未精确建立起来，注意范围比较狭窄，知觉的准确性较低，动作之间的联系不协调，特别是肌肉的紧张与放松配合不好，多余的动作较多，整个动作显得忙乱紧张，完成的动作在空间、时间上都不精确，能初步利用结果的反馈信息，但只能利用非常明显的线索，意识的参与较多等。在此阶段，练习者主要是通过视觉观察示范动作并进行模仿练习，较多地利用视觉来控制动作。因此，动觉的感受性较差，对于动作的控制力不强，难以发现自己动作的缺点和错误。

2. 动作的联系阶段

练习者经过一定的练习之后，初步掌握了一系列局部动作，并开始把个别动作联系起来。这时，练习者的神经过程逐渐形成了分化性抑制，即只有条件刺激才能引起条件反射性反应，而近似刺激具有抑制作用，不能引起条件反射性反应。近似刺激在相应皮质细胞内形成的抑制过程叫分化性抑制。这一阶段也表现出了一定的阶段特点，具体来说，主要是指：兴奋和抑制过程在空间和时间上更加准确，内抑制过程加强，分化、延缓及消退抑制都得到发展，注意的范围有所扩大，紧张程度有所减少，动作之间的干扰减少，多余动作趋向消除，动作的准确性提高，识别错误动作的能力也有所加强，初步形成了一定的技能，但在动作之间的衔接处常出现间断、停顿和不协调现象。在此阶段，练习者的注意主要指向技能的细节，通过思维分析，概括动作的本质特征，逐步完善地意识到整个动作，把若干个别动作结合成为整体。这时视知觉虽然起一定作用，但已不起主要作用，肌肉运动感觉逐渐清晰明确，可以根据肌肉运动感觉来分析判断。

3. 动作的完善阶段

在健美操动作技能完善阶段，练习者的动作已在大脑中建立起巩固的动力定型，神经过程的兴奋与抑制更加集中与精确，掌握的一系列动作也已形成了完整的有机系统，各动作都能以连锁的形式表现出来，自动化程度扩大，意识只对个别动作起调节作用。此时，练习者的注意范围扩大，主要用于对环境变化信息的加工上，对动作本身的注意很少，视觉控制作用减弱，动觉控制作用加强，能及时发现和纠正动作的错误，从而促进运动技能的提高。

第三节 健美操运动的美学基础

一、形体美的基本要素

（一）形体及其构成要素

形体是指人在先天遗传变异和后天获得的基础上所表现出的身体形态上的相对稳定的特征，是包括人的表情、姿态和体型等在内的人的外在形象的总和。一般情况下，形体的构成要素主要有三个方面，即人的体格、体型以及姿态。

1. 体格

体格是指人身体的形态。体格指标包括人的身高、体重、胸围等，其中，身高主要反映骨骼的生长发育情况；体重主要反映骨骼、肌肉、脂肪等重量的综合情况；胸围反映胸廓的大小及胸部肌肉的生长发育状况。因此，身高、体重和胸围被列为人体形态变化的三项基本指标。

2. 体型

体型是指人体的外形特征与体格类型，即人类身体结构的类型。简单来说，也就是身体各部分的比例，如上、下身长的比例，肩宽与身高的比例，各种围度之间的比例等。它的类型主要由人体的脂肪蓄积、肌肉发育程度、遗传的影响和环境、性别差异等决定。

3. 姿态

姿态是指人坐立、行走等各种基本活动的姿势。人体的姿势主要通过脊柱弯曲的程度、四肢和手足以及头的部位等来体现。姿势正确、优美，不仅体现人的形体美，还反映出一个人的气质与精神风貌。

（二）形体基本素质

从解剖学分析，形体基本素质主要概括为力量、柔韧性以及控制能力，人体的协调性、灵活性和耐力，最重要的是力量和柔韧度，它们的好坏涉及形体的控制力和表现力。

1. 力量

力量是指身体或身体某部位用力的能力，是肌肉收缩或紧张时所表现出来的。有力量的练习者，练习时速度快、控制力强，易于掌握较难动作，易于保持良好的身体形态；没有力量的练习者，腿伸不直，控制力差，不能稳健地完成动作，不易于确立和保持良好的身体形态。

人的良好站立形态，必然是头部端正，正向上顶，两眼平视，下颌略回收，双肩后张下沉，以及挺胸、收腹、立腰、立背、紧臀、双膝伸直，双腿夹紧，脚跟并拢，脚尖开立 45°～60°，要想训练好站立形态，就必须加强腿部和膝关节的支撑力量及立腰的能力和腹部肌肉收缩的力量。

2. 柔韧性

柔韧性一般称为“软度”。柔韧性好坏是由人体各个关节的运动幅度大小所决定。影响柔韧性好坏有三个因素。

①骨骼的结构。构成关节的关节面之间的面积差大，关节的灵活性就大，面积差小，关节的灵活性则小。②关节周围关节囊的紧密程度和韧带数量的多少。一般情况下，关节囊紧和韧带数量多者柔韧性相对差些。③关节周围的肌肉和软组织的体积大者柔韧受限制。

从总体上来看，第一个因素主要是先天形成的，不易改变，第二个和第三个因素可以通过一定的形体训练获得改进。

（三）形体美及其基本要素

形体美是指一个人外在和内在的整体所表现出的美学价值。形体美是一种整体美，是自然美与社会美的综合表现。它是由多方面因素构成的，如强壮的体魄、健美的体型、良好的姿态，高雅的气质和风度，等等。

1. 健康要素

健康是形体美的首要条件，只有健康均匀的肢体、优美的曲线、丰腴的肌肤、红润的面庞、乌黑的头发、水灵的双眼，才能表现出生机勃勃、精力充沛、富有生命力的人体美。只有在健康的基础上，采用塑造形体的专门综合练习，才能使形体更加健美。

2. 再造要素

体形是指人体的外形特征与体形类型。一个人的体形固然与先天遗传因素有关，但通过后天有针对性的锻炼，也可矫正不良的形体，使身体变得健美匀称。如果一个人生下来就含胸驼背，通过长期的形体训练，完全可以使其形体优美挺拔。正确的身体姿势弥补先天不足，而通过形体基本动作的练习可达到塑造良好体形的目的。

3. 高雅的气质是形体美的核心要素

形体训练不仅可以完善形体、体态和仪表，还可以陶冶情操、美化身心。只有在追求形体美的同时，加强自身的思想修养和艺术修养，注意心灵美、行为美、语言美，真正把体育和美育，外在美和内在美很好地融为一体，才能形成高雅的气质风度，才能构成形体的完美。而高雅的气质风度又影响着人体的姿态，可以说内在美是形成外在美的核心要素。

（四）形体整体美的基本要素

人体形体整体美所包含的基本要素为曲线美、对称美、对比美和均衡美。

1. 曲线美

人体形态曲线美有两个含义：一是流畅、鲜明、简洁；二是线条起伏、对比恰到好处。

人体的曲线是丰富多变的，这些曲线的起伏对比应该是生动而有节奏的。如胸要挺，腹要收，背要直，腰要立，肩要宽，臀要圆满适度，大腿修长，小腿腓部突出，脊柱正常的生理弯曲要十分明显。

男女身体的曲线美要有所不同。女子曲线应是纤细连贯的，从整体看起伏较大，从局部看则是平滑流畅的；男子曲线应是粗犷刚劲的，从整体来看起伏较小，从局部看有肌肉块的隆起。也就是说，女子的曲线要显示出柔润之美，男子的曲线要显示出力量之美。

2. 对称美

人体的对称是左右对称，从正面或背面看身体左右两侧要平衡发展，在正常的站姿和坐姿时，人体的对称轴一定要与地面垂直。控制人体对称轴的重要部位是脊柱，脊柱的偏斜、扭曲必然破坏人体的对称。除此之外，两肩、两髋、两膝、两外踝之间的连线都要与地面保持平行。同时，面部器官和四肢也要对称。因四肢长期从事某一工作，或不当的生活习惯形成的不良身体姿势，都会造成身体的不对称。身体的不对称容易影响人的内脏器官的正常发育。

然而，绝对的对称往往给人以呆板和僵硬的感觉，人的细小部分的不对称，往往使人生动活泼，如发型、服饰等。

3. 对比美

在人们的审美观点中，常常会遇到这样的情况——两种不同的事物并列在一起，由于它们之间的差异，使事物显得更完善。如形体上的大与小、长与短、粗与细、曲与直，节奏上的快与慢、轻与重，行动上的动与静都可以形成鲜明的反差，相互强调，相互辉映。这就是对比美。

（1）性别的对比

人的形体要符合性别的特征，这是一种隐形的对比。男子需符合男性的阳刚之美，女子需符合女性的阴柔之美。

（2）自身形体的对比

自身形体还有几个比较重要的对比：①躯干与四肢的对比。躯干是人的枢轴，应该给人一种稳定的感觉；四肢是人的运动器官，则应给人灵活的感觉。如果躯干不直，四肢僵硬，只会给人弱而笨的感觉。②关节和肌肉部位的对比。肌肉部位粗，显得健美，说明肌肉发达；关节部位细，说明关节外附着脂肪少，显得灵活。③上肢、下肢的对比。人的上肢是完成精细复杂工作的运动部位，下肢则是完成各种动作的支撑部位。由于功能不同，对比要求也不同。上肢要求有细线条和多变的结构，下肢则要有粗线条和稳定的结构。

4. 均衡美

均衡美主要有以下两方面的内涵：

一是指身体各部分的发育要符合一定的比例。比如头与整个身高的比例，上、下肢与身高的比例，躯干与身高的比例。这些比例关系必须符合人正常发育规律的特点。

二是指身体的协调。一个协调的形体会给人竖看直立、横看宽阔的感觉。

这种协调不仅包含人体各部分长度、围度和形体的协调，也包含色彩、光泽、姿态、动作的协调。常进行时尚健身运动能获得形体的均衡美。

二、健美操的美学特征

健美操运动不仅具有良好的健身效果，同时也具有较高的艺术魅力。人们在参与健美操运动的过程中能感受到美的体验，满足自己追求美的需求。作为将体育与艺术融合为一体的体育运动项目，健美操蕴含着多种美。

（一）身体美

1. 健康美

健美是以健康作为基础的，而对于健康体格的塑造，体育运动是其中最为主要的方式。健美操运动技术动作具有节奏性、力量性，能够对人体健康发展起到很好的促进作用，并且通过多种多样的练习内容能够使人体的健美、柔软和灵活得到充分展现。健美操运动能够促进人体变得更加强壮，远离疾病的困扰，保持良好的精神状态。通过参与健美操运动锻炼，能够提高人的心脏功能，血管更具有弹性，增强内脏器官的机能，刺激肌肉、骨骼得到良好发展，使骨骼变得更加坚韧。健美操运动技术动作有很多种，包括方向、类型、幅度、路线、速度等，通过进行练习能够增强人的记忆能力，以及神经系统的均衡性和灵活性。通过参与健美操锻炼可以使人体结构得到优化组合，保持乐观、自信、积极向上的精神状态，使人体验到美的感觉。

2. 体型美

（1）形态美

健美操运动能够更好地改变人体各部位的机能和形态。虽然人的身体受到一定的遗传因素的影响，但在青春期，人体骨骼的变化往往可以通过加强影响和运动锻炼来促进其更好的生长，并且使肌肉变得发达，更加富有弹性。在健美操运动中，肌肉经常进行大幅度的收缩，这就会给肌肉和骨骼带来更多的有效刺激，经常进行运动就会促使人体的内容结构得到改善，进而使人的外表产生相应的变化，从而使人体比例变得更为理想，使人体的外部形态与人体各个系统、器官功能达成一种和谐，人体的肌肉线条变得更加和谐美观。这主要表现为男性的体态线条呈现出平直而富有棱角，彰显出男性的刚劲有力之美；女性曲线变得更加圆润，彰显出女性身体的柔和而富有流动感之美。

（2）姿势美

人的姿势主要包括坐、卧、立、走、跑及头部的正确姿势，姿势是否正确会对人体的各种运动行为之美产生直接影响。进行健美操运动能够帮助人们养成正确的姿势。健美操运动中包含有各种各样的动作练习，能够使人体的各个部位都能得到相应的锻炼。其中，通过进行有关身体基本姿态和柔韧性的训练，能够帮助练习者形成立腰挺胸的端庄体态；通过进行各种波浪转体动作练习能够使腰腹肌肉得到更好的锻炼和发展，使腰腹变得更加灵活、有力，以使人体美的曲线得到更好展现；通过进行各个方向的髋部动作和踢腿动作练习能够使臀部的肌肉得到锻炼，使肌肉变得结实。臀部上提，给人一种重心提高、双腿健美修长的感觉。作为展现人体美最主要的部位，胸部可以通过进行各种扩胸展体练习，使肌肉变得更加发达，展现出更加美好的健美姿态。通过进行健美操练习，能够使青少年摆脱弓背、身体不正、端肩、含胸、缩脖等不健康的体态，同时也可以帮助成年人摆脱过度肥胖、过度消瘦、“大肚腩”等不良体型。

3. 素质美

素质主要包括力量、耐力、柔韧、速度、灵敏、协调等。在身体美中，素质美是以一种较为特殊的形式存在，它只有在运动和生活技能中才能表现出来。也可以说，素质美是一种潜藏在人体内部的美的力量和形式。素质美受到遗传因素的影响，但在后天的练习中能够得到提高和改善。在健美操运动中，通过爆发有力、静止平衡等动作，采用变换负荷、提高难度等方法可以促使人体力量素质的快速提高，通过变换节奏的练习能够提高人体的自我控制能力、协调能力以及身体快速用力的能力。通过健美操静力性拉长肌群和动力性的压、拉、踢、控、搬等手段可以促进人体柔韧性的提高，使人体表现出优美的曲线变化。此外，人体的协调性可以通过地面、空中的各种动作来提高，如肌肉收缩与放松交替的协调、动作与空间的协调、音乐与动作节奏的协调等。

4. 风度美

经常参加健美操运动，既能够塑造出健康的体魄，同时又能塑造出健康的体格。在健美操运动中，优美的音乐伴奏能够使人忘掉烦忧，调剂情感，陶冶情操，培养人良好的气质和风度。大多数的健美操爱好者都具有较好的身材、饱满愉快的精神、立腰挺胸的端庄姿态，协调优美的动作，内外美融为一体，给人留下深刻的印象，这也为其社交上的成功奠定了有利条件。

（二）精神美

要想塑造完美的形体，并达到精神美的要求，需要运动者长期坚持不懈的努力才能达到。健美操运动要求练习者不断地克服生理和心理障碍，培养坚毅、刻苦、持之以恒的精神。在健美操运动训练和比赛中，队员之间需要相互合作与接触，这也使得人与人之间的关系得以改善。集体健美操要求全体队员在音乐的伴奏下相互协作，动作一致，这就要求参与者具有集体主义观念，相互默契配合。健美操运动能够培养人相互信任和团结协作的精神。除了具有美学特征以外，健美操比赛和表演还具有其他美学因素，如服饰美、动作美、教练员的创造美等。虽然人们对美的不断追求，将会有越来越多的人喜爱健美操这项运动。

三、健美操的审美构成因素

健美操源于生活及人们对人体健美的追求，是体操、舞蹈、音乐逐步发展和结合的产物。健美操较好地把体育与艺术结合在一起，因此它与一般体育运动项目相比，具有较多的审美因素。健美操以人体自身为审美对象，对于人体的自然属性一面较为重视，如人的形体匀称适度、肌肉强健、富于弹性，肤色美观等。无论人体处于静止状态还是运动状态，其上述自然属性是很明显的。这些自然属性对形式美是健美操的主要审美构成因素起着重要的决定性作用。

形式美是构成事物外在属性及其组合关系中所显现出来的美。相对内容而言，形式美具有相对独立的审美意义。具体来说，健美操的审美构成因素主要包括以下几个方面。

（一）线条与形体美

1. 线条

线条和形体是构成人体美的基础。通常情况下，不同的线条会给人带来不同的感受。比如，垂直线，给人以坚硬、庄严、高昂的感觉，曲线给人以舒展、柔和、流畅的感觉。一般来说，男性的健美表现为刚健有力，直线条多一些；女性的健美则表现为柔美秀丽，曲线多一些。如果把男女人体的健美加以分类的话，大体分为刚、柔两类。这种分类只是近似的、相对的。实际上，刚、柔是相互渗透、相辅相成的。在健美操运动员中，在男性强健的身体上，可以找到柔和的曲线之美，他们可以做出灵巧的动作，这就是刚中有柔；而女运动员秀美的身姿，也显得矫健有力，她们可以做出强劲的动作，这便是柔中有刚。在健美操线条因素中，存在着刚柔相济的成分。

2. 形体美

健美操的形体美，则由男女运动员自身形体的静态美和操化动作动态美两方面所组成。从静态方面来看，美的形体要具备三个方面的条件：首先，骨骼为支架所构成的人体各部分比例要匀称、适度、发育良好；其次，由肌肉的完美发达所呈现的人体形态要强健而协调；最后，肤色红润而有光泽。只有满足这三个条件，才能称得上是美的形体。从动态方面来看，健美操运动员的形体美主要依靠健美操的动作创编以及运动员对这些连贯的动作组合和动作群的表现力。动作是在协调一致的动作流程中显现的，它的基础是节拍，还包括连续造型，从而构成了动态美。了解了这些特点，在进行编排的过程中，就可以将这些因素考虑进去，在编排中体现运动员的动态线条与形体的美。

（二）色彩美

色彩作为形式美的因素，具有冷暖、轻重、远近、明暗的视觉效果。色彩具有情感性和象征性，不同的颜色的视觉效果是有一定的区别的，这些可以根据健美操的需要将其运用到健美操中。一般来说，红、橙属于暖色，给人热烈、兴奋、活跃、喜悦之感；青、蓝，属于冷色，给人深远、幽静、庄重、严谨、典雅之感；草绿、银色属于中性，给人柔和、娴静、和谐之感。如看到红色，就不由得使人想起血与火，因而产生热烈兴奋的情绪。所以在编排健美操时，可考虑大红色地毯上进行成套的创编，使运动员较易进入兴奋状态，与创编者产生共鸣，能收到更好的效果。运动员比赛时，考虑各方面对成绩及发挥的影响因素。因此，对色彩美的编排进行考虑是非常重要且必要的。

（三）音乐美

音乐是健美操的重要组成部分之一，对于健美操来说，音乐是不可缺少的。具体来说，健美操必须在音乐伴奏下进行练习，可以说音乐是健美操的灵魂。与艺术体操相比，竞技健美操对动作的力度的重视程度更高。因此，它的音乐节奏趋于鲜明强劲，风格更趋热烈奔放。健美操音乐多取材于迪斯科、爵士、摇滚等现代音乐和具有上述特点的民族乐曲，使健美操体现出一种鲜明的现代韵律感。这种有节奏、韵律的音乐，能激发运动员的情绪，使之不觉得疲劳，产生一种轻松愉快的感觉，既得到了美的享受，又提高了协调性、韵律感和表现力。音乐运用得完美与否直接影响着健美操的整体效果。在健美操中，音乐的主要作用是用来烘托成套动作的效果与气氛，音乐与动作是紧密结合的，动作既是对音乐情绪的一种表现，同时也是通过音乐气氛对动作本身进行情绪上与力度上的烘托与渲染，任何一个动作的艺术性都存在于一种音乐情绪的表现之中。健美操音乐具有节奏鲜明，旋律优美，风格各异的特点，它的动感非常强烈，让人很兴奋也很激动，其节奏性充分体现在音乐的独特风格上。近年来，随着健美操运动的不断发展，人们更加注重音乐节奏性的运用，同时增添其创造性的编排，使音乐效果更具艺术性和欣赏性。

（四）路线变化美

在健美操比赛中，对运动员的场地利用提出了更高的要求，具体在场地的三维空间的运用方面得到充分的体现。健美操运动场地的表面至少有前、后、侧、对角、弧线 5 种方向的移动，即表现为健美操运动路线的变化美。与其他的体育项目不同，健美操路线的丰富变化既展现了运动别具一格的风格，提高了健美操运动的艺术欣赏价值和审美价值，又是运动员竞技能力的一种体现。一个优秀的运，动员能够充分地利用场地，把成套动作的路线变化表现得淋漓尽致，每一个到位的路线跑动都让人赏心悦目，将健美操运动的这一美学特征向观众及裁判展示。在编排中，创编者更应注意这些审美特点进行成套动作编排。

第三章 健美操基本术语和动作

第一节 健美操基本术语

一、健美操的场地基本方位术语

为了能够将健美操场地上人的身体面所在的方位，我们通常会对舞蹈中的基本方位术语进行借鉴，将最早确定的某一个面作为基本方向的第一个点，这一面可以是主席台，也可以是裁判席。之后要根据顺时针的方向，以一个基本方位为45°的基准，对健美操场地进行八个方位的划分，分别是1点、2点、3点、4点、5点、6点、7点、8点（图3-1）。

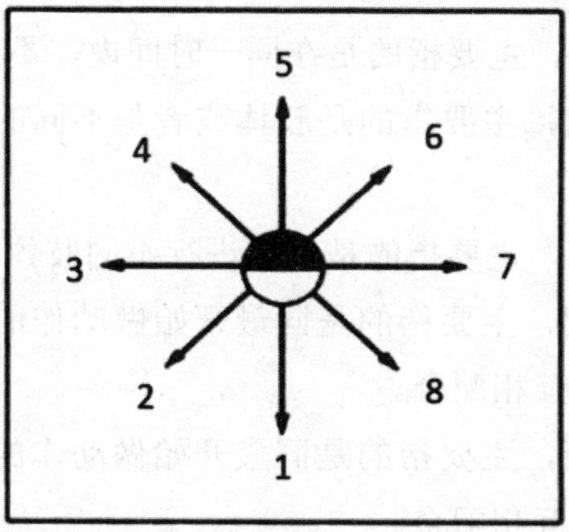

图3-1

二、健美操运动的运动方向术语

所谓的健美操运动方向术语，主要指的是身体每一个方位的运动方向。而一般来讲，运动方向的确定依赖于人体直立状态的基本方位。

向前：所谓的向前，主要指的是身体做动作的时候，胸部面对的方向。

向后：所谓的向后，主要指的是身体做动作的时候，背部面对的方向。

向侧：所谓的向侧，主要指的是身体做动作的时候，肩侧部面对的方向，需要注意的是，应该将左侧或者是右侧的情况指明。

向上：所谓的向上，主要指的是头顶面对的方向。

向下：所谓的向下，主要指的是脚底面对的方向。

中间方向和斜方向：所谓的中间方向与斜方向，主要指的是介于两个基本方向间约 45° 面对的方向。例如，前下、侧上。

顺时针：所谓的顺时针，主要指的是保持和时针运动方向一致的转动过程。

逆时针：所谓的逆时针，主要指的是保持和时针运动方向相反的转动过程。

向内：所谓的向内，主要指的是从身体两侧开始，肢体运动向身体的正中线。

向外：所谓的向外，主要指的是由身体的正中线，肢体运动向身体两侧。

同向：所谓的同向，主要指的是不同肢体运动向同一方向。

异向：所谓的异乡，主要指的是上肢体与下肢体运动向相反的方向。

三、健美操运动动作之间相互关系术语

同时：所谓的同时，主要指的是在同一时间内，不同的部位要完成动作。

依次：所谓的依次，主要指的是肢体或者是不同的个体将性质相同的动作相继做出。

交替：所谓的交替，主要指的是反复进行不同肢体或不同动作。

同侧：所谓的同侧，主要指的是同最开始做动作的肢体在方向上一致的上肢动作或者下肢动作的互相配合。

异侧：所谓的异侧，主要指的是同最开始做动作的肢体在方向上相反的上肢动作或者下肢动作的互相配合。

对称：所谓的对称，主要指的是，在方向相反的情况下，左、右肢体将相同的动作做出来。

不对称：所谓的不对称，主要指的是左、右肢体将互不相同的动作做出来。

四、健美操运动形式术语

所谓的健美操运动形式术语，主要用来对动作形式或者是技术要求进行描述。一些比较常见的健美操运动形式术语，还有一些在之后的基本动作中也会进行一定的补充。

举：所谓的举，主要指的是向上抬起手臂或者腿部，并且在一定的位置停留。例如，上举上臂，腿上举，等等。

屈：所谓的屈，主要指的是某一个身体部位呈现一定的角度。例如，侧伸、伸臂，等等。

伸：所谓的伸，主要指的是每一个身体部位呈现一定的角度以后伸直向后。例如，侧伸、伸臂，等等。

摆：所谓的摆，主要指的是在某一个平面内，肢体从一个部位向另一个部位移动，且活动范围在 180° 以内。例如，后摆、摆臂，等等。

绕：所谓的绕，主要指的是某一个身体部分转动或者只进行超过 180° 的摆，需要注意的是，超过 360° ，的摆叫作绕环。例如，肩绕环、绕，等等。

踢：所谓的踢，主要指的是腿部从低处向高处做出有力的加速摆动动作。例如，弹踢、剪踢，等等。

撑：所谓的撑，主要指的是某一个身体部分与手同时与地面接触的姿势。例如，跪撑、仰撑，等等。

交叉：所谓的交叉，主要指的是肢体上下或者前后呈一定角度的交叠。例如，十指交叉、交叉步，等等。

转体：所谓的转体，主要指的是围绕身体纵轴进行转动的动作。例如，水平转体、单脚转体，等等。

平衡：所谓的平衡，主要指的是在地面上支撑一只脚，保持身体的一定静止姿势。

水平：所谓的水平，主要指的是身体与低处之间保持平行的一种静止动作。例如，水平肘撑、分腿水平，等等。

波浪：所谓的波浪，主要指的是某一个身体部分相近的关节在一定的顺序下做出柔和的屈伸动作。例如，身体波浪、手臂波浪，等等。

跳跃：所谓的跳跃，主要指的是两只脚离开地面，腾空身体，同时保持一定的姿势。例如，开合跳、团身跳，等等。

劈叉：所谓的劈叉，主要指的是分开两条腿并保持直线贴地的姿势。例如，横叉、纵叉，等等。

梗：所谓的梗，主要指的是内收下颌、伸直颈部的动作。例如，梗头。

提：所谓的提，主要指的是从下向上的进行运动。例如，提肩、提臀，等等。

沉：所谓的沉，主要指的是某一个身体部分做出的方式下降动作。例如，沉气、沉肩，等等。

含：所谓的含，主要指的是外开两肩胛骨，内收胸部。例如，含胸。

挺：所谓的挺，主要指的是腹部或者胸部展开向前。例如，挺腹、挺胸，等等。

振：所谓的振，主要指的是某一个身体部分加速摆或者弹性屈伸。例如，振胸、振臂，等等。

夹：所谓的夹，主要指的是从两侧开始收紧向中间。例如，夹肘、夹肩，等等。

收：向身体正中线靠拢或还原到起始位置。例如，收臀、收腿。

推：以手作用于地面或对抗性用力。例如，推起、前推。

倒：所谓的倒，主要指的是身体或者肩部从高到低的做弧形运动。例如，前倒、倒肩，等等。

蹬：所谓的蹬，主要指的是腿部从屈髋屈膝开始至伸直发力的一个过程。例如，蹬地、侧蹬，等等。

倾：所谓的倾，主要指的是身体同地面之间呈现一定的角度。例如，左倾、前倾，等等。

控：所谓的控，主要指的是在一定的高度上抬或举身体或肢体，同时保持一定的时间。例如，控腿、控水平，等等。

五、健美操动作中连接过程术语

健美操动作中连接过程术语的主要作用在于，在对一个连续动作过程进行描述的过程中，对动作的互相关系与先后顺序进行表达。

由：所谓的由，主要指的是开始动作的方位。例如，由上向下、由内向外，等等。

经：所谓的经，主要指的是在做动作的过程中，经过的位置。例如，两臂经体前交叉。

成：所谓的成，主要指的是完成动作以后的结束姿势。例如，左脚侧迈一步成左弓步。

至：所谓的至，主要指的是动作必须到达到大指定的某一个位置。例如，团身跳接屈体分腿跳。

六、健美操基本步法名称术语

所谓的步法，主要指的是在一定的节奏下脚步运动的方法，主要包含下肢的各种各样的走、跳、跑与舞步。最常用的一般步法，以及中英文对照术语。而在基本动作中会对一些扩展的步法与技术要求进行解读。

弹动：所谓的弹动，主要指的是膝关节有弹性地屈伸。

踏步：所谓的踏步，主要指的是两脚交替在原地落地。

走：所谓的走，主要指的是踏步移动身体。

一字步：所谓的一字步，主要指的是向前一步并腿，向后一步并腿。

V 字步：所谓的 V 字步，主要指的是向左前迈一步左脚，之后向右前迈一步右脚，屈膝，然后依次向原位退回。

曼波步：所谓的曼波步，主要指的是向前踏一步左脚，屈膝，稍抬起右脚然后向原处落回，之后再向后踏一步左脚，同样稍抬起右脚然后向原处落回。

并步：所谓的并步，主要指的是向左侧迈一步左脚，右脚前脚掌并于左脚脚弓处，稍屈膝下蹲。

交叉步：所谓的交叉步，主要指的是向侧迈出一腿，在其后交叉另一腿，稍屈膝，随之再向侧一步，另一脚并拢。

半蹲：所谓的半蹲，主要指的是分开或并拢两腿，屈膝。

点地：所谓的点地，主要指的是一脚尖或脚跟同地面接触，另一腿稍屈膝。

移重心：所谓的移重心，主要指的是一脚向侧迈一步，经过屈膝重心移至一脚支撑，另一脚侧点地。

后屈腿：所谓的后屈腿，主要指的是一腿站立，另一腿后屈，之后再还原。

弓步：所谓的弓步，主要指的是一腿向前（侧、后）迈步屈膝，另一腿伸直。

吸腿：所谓的吸腿，主要指的是站立一腿，屈膝向上抬起另一腿。

踢腿：所谓的踢腿，主要指的是站立一腿，直膝加速上踢另一腿。

弹踢腿：所谓的弹踢腿，主要指的是站立一腿，另一腿先屈膝，然后向前下方弹直。

跑：所谓的跑，主要指的是两腿依次经腾空落地，要求小腿向后屈膝折叠。

开合跳：所谓的开合跳，英主要指的是由并腿跳成分腿，然后再跳回并腿。

并步跳：所谓的并步跳，主要指的是一脚向前侧迈一步回时跳起，另一脚迅速并拢成双脚落地。

点跳：所谓的点跳，主要指的是一脚向侧小跳一次，另一脚随之并上垫步跳一次。

七、健美操难度动作术语

目前，在竞技健美操中难度动作超过三百个，通常分成四个类别，分别是：A 类、B 类、C 类、D 类，主要指的是俯撑类、支撑类、跳与跃、多样化柔韧。同时大部分的这些动作的描述都需要使用常规术语。

文森：所谓的文森，主要指的是膝关节内侧放于肘关节处的地面支撑动作。

托马斯全旋：所谓的托马斯全旋，主要指的是竞技体操鞍马动作的移植。

分切：所谓的分切，主要指的是后两腿俯撑推起分别经两侧向前摆越成仰撑。

直升飞机：所谓的直升飞机，主要指的是分腿坐后倒，做绕环后两腿依次成俯撑。

科萨克跳：所谓的科萨克跳，主要指的是垂直起跳双脚，双腿平行于地面，屈膝一腿。

剪踢：所谓的剪踢，主要指的是单脚起跳，一腿踢至水平面上，腾空剪刀式交换大踢。

剪式变身跳：所谓的剪式变身跳，主要指的是单脚起跳，转体 180°，交换腿展示纵叉姿态。

依柳辛：所谓的依柳辛，主要指的是由站立开始，一腿后摆在垂直面内绕环，同时身体以支撑腿为支点转体 360°。

开普：所谓的开普，主要指的是单臂支撑侧水平劈腿。

八、健美操动作难度术语

关于健美操动作难度的划分，主要根据当脚同地面接触的时候，身体所能承受的冲击力大小来确定。

无冲击力动作：所谓的无冲击力动作，主要指的是两只脚一直同地面接触，将身体重心保持在两腿之间，没有腾空的动作。无冲击力动作一般会使用在健美操运动练习前的准备部分与结束部分。

低冲击力动作：所谓的低冲击力动作，主要指的是一只脚始终同地面接触。

高冲击力动作：所谓的高冲击力动作，主要指的是有腾空阶段，对身体有一定的冲击力。通常是具有跑跳的动作形式。

九、健美操动作表现形式术语

弹性：所谓的弹性，主要指的是自然地屈伸关节，给人一种自然、轻松的感觉。

力度：所谓的力度，主要指的是动作的用力强度，力度的体现一般用肢体的制动技术来表示。

节奏：所谓的节奏，主要指的是强弱交替出现动作的用力，并合乎一定的规律。

幅度：所谓的幅度，主要指的是展开动作的大小，一般是动作经过的轨迹越大则幅度越大。

风格：所谓的风格，主要指的是一套动作所表现出的主要思想特点与艺术特色。

激情：所谓的激情，主要指的是充满健美操特点的强烈兴奋的情感表现。

第二节 健美操基本动作

一、头颈动作

（一）动作方向

头颈动作的主要方向是前、后、左、右四个方向。另外还有侧前、侧后、侧上、侧下等一些动作方向。

（二）动作内容

1. 屈

动作描述：头部向前、后、左、右四个方向分别做颈部关节弯曲的运动。

注意要点：身体正直，做动作时应缓慢，充分伸展颈部肌肉。

动作变化：前屈、后屈、左侧屈、右侧屈。

2. 转

动作描述：头保持正直，然后头颈部沿身体垂直轴向左、右转动 90°。

注意要点：下颌平稳的左右转动。

动作变化：左转、右转。

二、上肢动作

（一）手型

手型的变化不仅可以使手臂的动作更加丰富多彩，生动活泼，表现出美感；而且有助于加强动作的力量性。常用手型有以下几种：

1. 掌

并指掌：大拇指指关节弯曲内扣，其余四指并拢伸直。手腕伸直，使手臂成一条直线。腕关节与掌指关节适度紧张。

分指掌：五指用力分开，并伸直。

屈指掌：手掌用力上屈，五指自然弯曲。

2. 拳

实心拳：拇指握住四指，中间无空隙。

空心拳：拇指握住四指，中间有空隙。

3. 其他手型

西班牙舞手型：五指分开，小指内旋，拇指稍内收。

剑指：食指和中指并拢伸直，拇指、无名指小指内收。

“V”指：拇指与小指、无名指弯曲，食指与中指伸直并尽力分开。

响指：无名指与小指屈握，拇指与中指、食指摩擦后，中指击打大鱼际处产生响声。

（二）手臂动作

1. 举

动作描述：以肩关节为轴，臂的活动范围不超过 180°，并停止在某一部位。

注意要点：动作到位、路线清晰、有力度。

动作变化：前举、上举、前上举、前下举、侧举、下举、侧下举、侧上举、后下举。

2. 屈、伸

动作描述：肘关节由弯曲到伸直或由伸直到弯曲的动作。

注意要点：关节做有弹性的屈伸。

动作变化：胸前屈、胸前平屈、肩侧屈、肩侧上屈、肩侧下屈、胸前上屈、腰侧屈、头后屈。

3. 绕和绕环

动作描述：两臂或单臂以肩为轴做弧线运动。

注意要点：路线清晰，起始和结束动作位置明确。

动作变化：两臂或单臂向内、外、前、后绕或绕环。

三、下肢动作

（一）无冲击动作

1. 半蹲

动作描述：两腿左右分开站立，与肩同宽或比肩稍宽，脚尖稍外开，两腿同时屈伸。

注意要点：身体重心放在两腿之间，屈膝时，膝关节朝着脚尖的方向，同时膝关节不能超过脚尖，下蹲时身体前倾。

动作变化：并腿半蹲、迈步半蹲、迈步转体半蹲。

2. 弓步

动作描述：

动作一，两腿前后开立，两脚距离与肩同宽，脚尖朝前，两腿同时屈伸；

动作二，一腿屈膝，另一腿伸直。

注意要点：身体重心在两腿之间，前腿膝关节弯曲不能超过 90°，膝关节不能超过脚尖。

动作变化：原地前后弓、原地左右弓步、转体弓步。

（二）低冲击动作

低冲击动作是指在做动作时一脚着地，另一脚离地的动作。低冲击动作是目前健身性健美操编排运用最多的动作类型。

1. 踏步

动作描述：两腿依次抬起，依次落地。

注意要点：下落时，注意膝、踝关节有弹性的缓冲。

动作变化：踏步转体、踏步分腿、踏步并腿、弹动踏步。

2. 走步

动作描述：迈步移动，向前成时，脚跟先落地，过渡到全脚掌，向后走时则相反。

注意要点：落地时，注意膝、踝关节有弹性的缓冲，上体可以有节奏的协调摆动。

动作变化：向前向后走步、向侧前和侧后走步、向左右转体或弧线走步。

3. 一字步

动作描述：以左脚起步为例。左脚向正前方迈一步，右脚并向左脚，然后左脚向后一步，右脚并向左脚。

注意要点：偶数拍都有并步，落地时，注意膝、踝关节有弹性的缓冲。

动作变化：向前向后的一字步、转体的一字步。

4.V 字步

动作描述：以左脚起步为例。左脚向左前方迈步，右脚随之向右前方迈步，两脚开立，形成 V 字轨迹，然后左右脚依次还原。

注意要点：开立时两脚距离大于肩宽，中心在两腿之间，屈膝时膝关节朝着脚尖方向。

动作变化：倒 V 字步、转体 V 字步、跳的 V 字步。

5. 漫步

动作描述：以左脚起步为例。左脚向前迈步，同时重心随之前移，接着右脚稍抬起，然后落下，重心随之后移，左脚随之后迈向右脚之后。

注意要点：重心的前后移动，动作有弹性。

动作的变化：转体的漫步，跳的漫步。

6. 屈腿

动作描述：以左脚为例。左脚向侧迈一步，同时膝盖微屈，重心移至左脚上，随后右脚抬离地面，屈膝，然后再做反方向动作。

注意要点：屈膝时膝关节朝着脚尖方向，主力腿始终保持有弹性的屈伸，后屈腿脚跟朝着臀部，脚尖绷直。

动作变化：原地后屈腿、前后移动后屈腿、转体后屈腿。

7. 并步

动作描述：以左脚起步为例。左脚向侧迈步，同时重心左移，两腿屈膝向下，右腿并向左腿。

注意要点：膝、踝关节的弹动缓冲，重心平稳过渡。

动作变化：左右的并步、前后的并步、向两侧的并步、转体的并步。

8. 迈步移重心

动作描述：以左脚起步为例。左脚向左侧迈出一步，落地时双腿屈膝，随之重心下降并移至左腿，然后重心上移，膝盖伸直，右脚点地，然后再做反方向的动作。

注意动作：下蹲屈膝时膝关节朝着脚尖方向，重心上下、左右移动明显。

动作变化：左右移重心、前后移重心、转体移重心。

9. 交叉步

动作描述：以左脚起步为例。左脚向左侧迈步，同时重心左移，接着右脚交叉于左脚之后，然后左脚再向侧移动，重心再向左移，最后右脚并于左脚。

注意要点：重心要及时移动，膝、踝关节有弹动的缓冲。

动作变化：左右的交叉步、转体的交叉步。

10. 吸腿

动作描述：一腿屈膝抬起，另一腿屈膝弹动缓冲。

注意要点：上体保持正直，大腿抬起与地面平行，小腿自然下垂，绷脚尖。

动作变化：向前吸腿、向侧吸腿、向侧前吸腿、转体的吸腿、迈步吸腿、上步吸腿。

11. 摆腿

动作描述：一腿站立，另一腿自然摆动，然后还原成并步。

注意要点：保持上体正直。主力腿注意屈膝缓冲，摆动腿抬起时要有控制且幅度不要过大。

动作变化：向前摆腿、向侧摆腿。

12. 踢腿

动作描述：一腿站立，另一腿加速向上摆动。

注意要点：保持上体正直。主力腿脚跟不能离地，膝关节微屈缓冲。踢腿的幅度因人而异，避免受伤。

动作变化：向前提、向侧踢、向后踢、移动中踢腿。

（三）高冲击动作

高冲击动作是指在做动作时，双脚都离地的动作，即为平常所说的跳类动作。

1. 跑

动作描述：两脚依次经过腾空后，一脚落地缓冲，另一腿小腿后屈，双臂配合下肢前后摆动。

注意要点：膝、踝关节有弹动的缓冲，落地时由前脚掌过渡到全脚掌。

动作变化：原地跑、向前跑、向后跑、弧线跑、转体跑。

2. 双脚跳

动作描述：双脚并拢有弹性地向上跳起，双臂随身体协调摆动。

注意要点：腾空时，双脚并拢，膝盖伸直，落地时屈膝缓冲，由前脚掌过渡到全跨掌。

动作变化：原地并腿跳、向前并腿跳、左右并腿跳、转体并腿跳。

3. 开合跳

动作描述：并腿向上跳起，左右分腿姿势落地、接着再向上跳起，并腿落地。

注意要点：落地时，膝关节有弹性的缓冲，分腿落地时屈膝且朝着脚尖方向。

动作变化：原地开合跳。转体开合跳。

4. 并步跳

动作描述：以左脚起步为例。左脚迈出，随之蹬地跳起，右脚并左脚，并腿落地。

注意要点：身体重心随身体迅速移动，落地时注意缓冲。

动作变化：向前并步跳、向后并步跳、向侧并步跳。

5. 单脚跳

动作描述：一脚跳跃时，另一脚离地。

注意要点：跳跃落地时注意屈膝弹动。

动作变化：原地单脚跳、移动单脚跳、转体单脚跳。

6. 弹踢腿跳

动作描述：双腿起跳，单腿落地，另一腿小腿后撩，然后小腿前踢伸直。

注意要点：无双脚落地的过程，弹踢腿脚尖伸直。

动作变化：向前弹踢腿跳、向侧弹踢腿、转体的弹踢腿跳、移动弹踢腿跳。

7. 点跳

动作描述：以左脚起步为例。右脚蹬地跳起，同时左脚向侧迈步落地，随之右脚并左脚点地，随后反方向做一次，动作相同，方向相反。

注意要点：两脚轻松蹬地，身体重心随之平稳移动，注意膝踝的弹动。

动作变化：原地点跳、向前点跳、向侧点跳、向后点跳、转体点跳。

四、躯干动作

躯干是健美操动作中最富表现力的部位，躯干主要包括胸、腰、髋等部位。

（一）胸部动作

胸部动作包括：含胸、展胸、捶胸、移胸、振胸。

1. 含胸、展胸

动作描述：含胸时，低头收腹，收肩，形成背弓，呼气；展胸时，抬头挺胸，展肩，吸气。

注意要点：含胸时身体放松，但不松懈；展胸时，身体紧张但不僵硬。

动作变化：结合手臂动作含展胸，如：手臂胸前平屈含胸，手臂侧平举展胸。

2. 移胸、振胸

动作描述：移胸时髋部位置固定，腰腹随胸部左右移动；振胸时胸部向一个方向有节奏的摆动。

注意要点：移胸时，腰腹带动胸部移动；振胸时有弹性、有节奏。

动作变化：提肩移胸、手臂侧平举移胸、举臂振胸。

（二）腰部动作

腰部动作包括：屈、转、绕和绕环、波浪。

1. 屈

动作描述：腰部向前或向侧做拉伸运动。

注意要点：充分伸展，运动速度不宜过快。

动作变化：体前屈、体侧屈、体后屈。

2. 转

动作描述：腰部带动身体沿垂直轴左右转动。

注意要点：身体保持紧张，腰部灵活转动。

动作变化：与上下肢动作相结合协调转动，如迈步移重心与转腰结合运动。

3. 绕和绕环

动作描述：腰部做弧线或圆周运动。

注意要点：路线清晰、动作圆滑。

动作变化：与手臂动作相结合进行腰部绕和绕环。 如一手头后屈，一手叉腰，做腰部绕环运动。

4. 波浪

动作描述：两腿开立，从头开始，颈，胸、腰、髋各关节依次向侧屈伸，向钻过绳索一样连贯波浪。

注意要点：各部位必须有顺序的依次屈伸，动作要求清晰连贯，自然过渡。

动作变化：手臂配合身体做腰部波浪。

（三）髋部动作

髋部动作包括：顶髋、提髋、摆髋、绕和绕环。

1. 顶髋

动作描述：两腿开立，一腿支撑并伸直、另一腿屈膝内扣，上体保持正直，用力将髋顶出。

注意要点：用力且有节奏感。

动作变化：体前交叉顶髋、两臂侧平举顶髋、双手叉腰顶髋。

2. 提髋

动作描述：髋向上提的动作。

注意要点：髋与腿部协调向上。

动作变化：手臂与髋部配合协调运动。

3. 摆髋

动作描述：两腿微屈并拢，髋部向左右摆动，腰部要协调配合髋部动作。

注意要点：髋部带动腰部协调摆动。

动作变化：两臂侧平举随骸摆动，两臂上举随髋摆动等。

4. 绕和绕环

动作描述：髋部做弧线或圆周运动。

注意要点：运动轨迹圆滑。

动作变化：两臂上举髋部绕环，两臂前举髋部绕环。

第三节 健美操组合动作

一、第一个八拍

1. 步伐

1～4 拍，左脚开始的 v 字步；5～8 拍，向后的 v 字步；7～8 拍为节奏。

2. 手臂

1～2 拍，左右臂依次经前至侧上举；3 拍，两臂收至胸前；4 拍，还原；5～6 拍，自然摆臂；7～8 拍，两臂由背后打开至体侧。

3. 手型

1～2 拍，五指并拢，掌心向前；3 拍，五指并拢；4～8 拍，五指分开，掌心向前。

二、第二个八拍

1. 步伐

1～4 拍，右脚开始上步吸腿；5～8 拍，同 1～4 拍，方向相反。

2. 手臂

1～4 拍，直臂，经前、后、前摆至还原；5～8 拍，同 1～4 拍。

3. 手型

1～3 拍，握拳，拳心向下；4 拍，还原；5～8 拍，同 1～4 拍。

三、第三个八拍

1. 步伐

1～4拍，右脚开始向侧并步；5～8拍，同1～4拍，方向相反。

2. 手臂

1～4拍，直臂从下经上绕环一周，5～8拍，同1～4拍。

3. 手型

五指并拢。

四、第四个八拍

1. 步伐

1～4拍，右脚开始的侧交叉步；5～8拍，右脚开始点转身。

2. 手臂

1～4拍，直臂经上至体侧；5～8拍，自然摆臂。

3. 手型

1～4拍，自然握拳；5～8拍，五指分开，掌心相对。

大众表演性健美操由于参与人数众多，有一定队形变化。在动作的连接上过渡自然，有一定的连接和变化的难度。在进行表演性成套动作编排时，主要目的是表演宣传，促进该项目的发展，吸引更多的人来参加。所以在编排中注重表演效果，可采用较丰富的表演气氛和艺术性。

第四章 健美操创编的理论与方法

第一节 健美操运动创编科学理论概述

一、健美操运动创编的目的

（一）使生理健康水平得到提高

健美操创编的目的在于根据人们的体质特征选取适宜的动作，从而实现健美操的健身和竞赛功能。科学的健美操锻炼在影响人体生理健康方面的功能有如下几方面。

1. 提高各循环系统的功能

大量的研究表明，长期从事有氧运动可以使心肺功能得到改善，呼吸肌增强，肺活量增大，心肌纤维增粗等。

2. 改变身体成分

有氧锻炼可增加淋巴液的分泌，从而加强人的免疫功能，提高人体抵抗疾病的能力等。

3. 使骨骼与肌肉得到发展

健美操通过人体各关节及肌肉的练习，促使骨骼肌与神经系统得到发展。

4. 提高人体的协调能力

通过健美操的简单和复杂的身体练习可以提高人的协调性和反应能力等。

（二）使精神状态得到改善

健美操创编可以为人们提供一种科学的运动方式。单一机械的重复性劳动可以使肌肉僵硬、神经抑制，而通过科学的健美操锻炼可以使人的机体疲劳得以缓解，优美动听的音乐可以愉悦身心，释放心中的压抑与烦恼，从而使人们的心理压力得以缓解。此外，健美操的集体锻炼形式为人际交往创造了条件。

（三）娱乐与表演

由于健美操综合了音乐、舞蹈、体操等项目的特点，因此它具有较强的艺术性及表现力，人们在从事这项活动的同时会感到身心的一种愉悦，优美的动作加之音乐的支持也会给旁观者带来美的感受。因此，把健美操的精华与艺术手段有机结合，可以创编出艺术效果极佳的表演作品，同时把健美操锻炼套路加以提炼也可成为很好的表演项目。它不但给人们带来赏心悦目的效果，同时对项目本身也起着提高带动的作用。

（四）竞赛

健美操竞赛是通过围绕对各个运动员的健美操套路的艺术性、强度、难易、完成情况的评价而进行的。在健美操竞赛中，套路的创编是尤为重要的，不仅应动作科学、规范，还应体现创新性。

健美操健美身心的效果受到健美操本身的质量的决定。只有那些具有较强锻炼功效、运动负荷及难度适宜、富有魅力的健美操才能激发起人们的锻炼兴趣，使其全身心地投入练习，并取得良好的效果。因此，健美操的创编是开展好健身健美操活动的前提。

二、健美操运动创编的要素

一套健美操创编要包含的必需部分，就是健美操运动创编的要素。不管是什么形式的健美操运动，其成套动作的编排都会包括动作、音乐、空间和时间四大要素，这四个方面是缺一不可的。

（一）动作要素

动作是指物体的活动，而健美操的动作则是指人体在空间的活动。从严格的意义上说是身体标准姿态控制基础上的有节奏的弹动和速度控制技术。从解剖的角度看是围绕各个关节进行并由神经系统指挥肌肉收缩与伸张而产生的运动。健美操动作要素包括动作内容、基本步伐、动作的重复次数、动作的幅度和力度、动作的起止路线等。它是创编的主要内容。一般而言，任何一套健美操都是由单个动作构成的，而单个动作又是由人体的各关节、部位和不同性质的练习构成的。这些动作是构成单节操、组合操或成套动作的基础，是编排成套动作的基本要素。

（二）音乐要素

音乐是有节奏、旋律或和声或乐器等配合所构成的一种艺术。它作为完整的艺术形式，有着自己独特、系统、完整的表达方法与方式，健美操的动作在音乐的衬托之下，使健美操更具有生命力与艺术性。音乐是健美操运动中至关重要的要素，离开了音乐，健美操就没有了灵魂。音乐要素主要包括音乐的速度、节奏和风格三方面。音乐所提供的不仅是动感的音响效果、鲜明的节奏和有韵律的节拍，更是表达了一种激情与意境，能够与人们在思想深处进行共鸣。音乐的风格就代表着健美操的风格；音乐的节奏就是健美操的节奏；音乐的始与终也是健美操的始与终。音乐选配的好坏就决定了健美操的成功与否。因此，必须重视健美操音乐的选配。

（三）空间要素

空间要素主要从动作的方向路线、队形变化及移动这两个方面上得到体现。

1. 动作的方向路线

方向路线是不可缺少的空间因素，它把健美操动作中的单个动作像串珍珠一样的给串联了起来。没有方向路线，就没有动作的左右变化、高低起伏、前后移动。健美操美丽节奏的呈现离不开健美操动作方向路线的变化。因此，动作路线在创编时，方向路线不要过于单一、单调要考虑周全。

健美操动作方向的变化有上、下、前、后、左、右六个基本方向以及前上、前下、左前、右前、后上、后下、左后、右后、左上、左下、右上、右下等十二个中间方向。

2. 队形变化及移动

队形变化及移动是六人操或集体操（健身健美操）创编中不可缺少的空间要素。六人操或集体操共同完成某一个动作必须通过某一个队形体现出来，这些队形和队形变化及移动构成了六人操或集体操独特的编排特点，是单人、混双项目所不及的更富有变化、更美的一项艺术作品。

常用的队形有直线形、平行线形、弧线形、三角形、方形、菱形、V 字形、丁字形、箭头形等；队形移动有同方向移动、反方向移动、交叉移动、顺时针和逆时针移动及向心和离心移动等。

（四）时间要素

健美操完成质量的一个重要制约因素，就是时间。在编排健身健美操和表演性健美操时，时间可自由选择，取决于内容多少、难易程度及任务需要。而竞技健美操则不同，它对成套动作有严格的规定，一套动作规定时间为 1 分 45 秒，有加减 5 秒的宽容时间。

三、健美操运动创编的主体与客体

任何一个掌握健美操知识的人都可以进行健美操创编，但要究其质量与效果却千差万别。健美操的实践活动是以群体参与性为主要特征的，在整个创编与实践过程中，主、客体是紧密相连的，体现了主体与客体的互补性、集体性、智慧性、创造性的交流过程，是具有创造性主题在主导原则下的要求与规范编排，传递给教学对象丰富信息的一种磨合过程。

（一）主体

作为健美操创编的主体，其必须具备的能力主要有以下几个方面。

1. 敏锐的观察能力

对事物的感知力，是了解事物的最初始阶段，健美操创编者不仅要对事物的外在表象有细致入微的察觉，同时还应对其内在的本质具有洞察能力。

2. 具有较好的分析与吸收能力

这是将外界事物转化吸收成自我所需资料的重要环节。

3. 准确的充满激情的表达能力

在健美操创编与教学过程中，表达能力是传递信息的至关重要的环节，再好的事物如果在信息传输中出现问题，都将导致偏离我们所要达到的目标。

（二）客体

健美操创编的客体是指在健美操创编与教学过程中的对象。他们应该具备的能力主要有以下几个方面：①对健美操运动项目的喜好；②积极主动的参与精神；③一定的创新能力与精神；④执行与操作能力，这是健美操活动的基础，缺少它就没有健美操的创编与活动。

第二节　健身健美操创编的方法

一、健身健美操创编的原则

（一）全面性原则

全面性原则是健美操创编的基本原则，全面性主要体现在身体活动部位要全面，一个人身体健康的好坏，不仅取决于某一肌肉的强壮，或某一内脏器官的功能完善，而是取决于人身体最弱器官的功能。所以要做到身体健康就要使人体的关节、肌肉、韧带、内脏器官机能等得到全面的发展与提高。一般而言，在编排成套动作时，要考虑到尽可能使人体参与运动的部位全面，尽可能使运动部位的动作类型全面；要考虑向不同的方向完成各种不同形式的动作，以充分活动身体各部位的关节、肌肉、韧带，改善神经系统的灵活性与协调性，促进身体全面健康的发展，达到健美的目的。

成套健美操的动作要包括头颈动作、上肢动作、躯干动作和下肢动作。每个部位的动作类型要尽可能全面，头颈动作有屈、伸、转动、绕环；上肢动作有屈、伸、举、摆、振、绕环；躯干动作有屈、伸、转、绕、绕环；下肢动作有屈、伸、举、摆、跳、跑等。动作类型的创编要遵循人体生理解剖特点，保证安全、无损伤。例如，头在各个方向的屈、转、绕等动作，上肢在各个方向上的举、屈、伸、摆、绕、绕环等动作，下肢在各个方向上的举、摆、踢、转、屈、伸、跳、绕等动作，躯干的屈、伸、转、绕、绕环等动作；同时还要注意选编一些能增强心血管系统功能的走步和跳跃动作，使内脏器官及各系统得到充分锻炼。

具体来说，全面性原则的实施需要做到以下几个方面的要求。

第一，动作选择要全面。动作类型如走、跑、跳、转体、踢腿、造型等，只要是不违背生理结构的身体动作都可以纳入。

第二，在全面运动的基础上，应重视编排的合理性。

第三，在全面发展的基础上，有针对性地进行练习。

（二）目的性原则

目的性原则是指在健美操创编过程中，以最终所要达到的目的或获取的结果为核心根据，在创编过程中着重采用因目的任务不同而导致成套编排的结构、动作难度、动作特点、音乐速度等诸多创编因素的不同的创编意识，进行有明确性，有实效性的创编。在健美操创编过程中遵循目的性原则，主要为了更有效地达到创编的目的，使创编过程更有目标性、组织性、实效性。

1. 以比赛为目的的健身健美操创编

比赛性健美操以争取优胜或赢得优异的成绩为直接目的。要想在比赛中获得优异的成绩，编排应该从竞技的角度考虑，创编中各种因素都要突出都要有所升华，因此在动作素材的选择上，应该独特新颖，具有创新意识和时代气息，与此同时应该明确有关编排的具体要求，了解比赛的规模和其他赛队的水平与实力，为编排提供较全面的参考依据。具体的实施过程中，需要做到以下几个方面的要求：第一，要遵守特定的规则要求；第二，创编的成套动作要体现多样性、新颖性、流畅性，以提高艺术性吸引裁判与观众赢得满意的成绩；第三，要因人而异进行创编。

2. 以教学为目的的健身健美操创编

健身健美操在各级学校中，以培养学生良好的思想品德、强身健体、掌握健身方法、树立正确的审美观，使学生全面发展，并为终身体育打下基础为目的的创编。具体实施要做到的要求有以下几个方面：第一，要以遵守教学大纲要求为前提进行创编；第二，要以增强学生体质和提高学生的身体素质为目的进行创编；第三，要以激发学生的学习兴趣，有效提高教学质量与教学效果进行创编。

3. 以娱乐、表演为目的的健身健美操创编

以表演和娱乐为目的的创编，是从艺术性、观赏性出发，通过选择和编排优美、新颖、高度艺术性的动作组合，形成高雅、清新的文化氛围，在给人以

丰富的视觉效果的同时使得身心愉悦。具体实施过程中需要做到以下几个方面的要求：第一，创编的动作应该多鉴赏各种舞蹈的表现艺术，使人们在活动中表达一定的心绪和感情，以提高健美操的艺术魅力，增强娱乐性、表演性；第二，注重创编技巧，选择最美、最新颖的组合形式和动作内容，提高成套动作的表现力，以满足观众的审美需要；第三，单人表演性的创编要注重体现个性特征，因为表演者之间有着各种差异，除了个性差异外还有运动能力、身体素质、技术水平、外形及表现力的差异。

4. 以健身为目的的健身健美操创编

在进行健身健美操的创编过程中，围绕以提高身体循环功能，促进骨骼与肌肉的发展，全面提高身体素质和心理健康发展为目的进行的创编活动。具体实施过程中需要做到以下几个方面的要求：第一，围绕全面提高健康水平，发展人体运动素质，改善体形，进行组织与编排；第二，强调对运动负荷与运动量的监控；第三，成套的创编要保证人体各部分得到充分的锻炼，通过改变运动方位、位置、节奏、路线，以促进肌力的增加和提高各个关节的灵活性。

（三）合理性原则

遵循合理性原则是为了防止运动中出现运动损伤，保证运动的正常进行。一套健美操的创编只有把握人体运动生理和解剖规律，才能保证健美操合理的实施。

1. 合理性原则的内容

合理性原则包括动作的合理、动作顺序的合理和运动负荷的合理。

（1）动作的合理性

健身健美操的动作创编切忌生搬硬套、一味模仿。动作创编要注重实效性。健身健美操的动作都应有益于健身，但影响的程度是不同的，因此在创编每节操时要注意选择对完成某项锻炼有切实作用的动作，突出这节操的特点。如果每节操的动作都能使人体的某些部位得到充分的运动，那么整套操对人体的锻炼就会全面充分、切实有效。

（2）动作顺序的合理性

一套健身操动作顺序的设计，必须遵循人体活动能力的变化规律，使人体运动的生理曲线由低到高，波浪形地逐渐发展，再逐渐恢复。健身健美操的编排顺序可分为三部分，即准备部分、基本部分和结束部分，这也是一堂课的组成部分。

（3）运动负荷的合理性

编排健身健美操时，运动强度应当符合健身指标区，因为只有在指标区内健身，才能既保证锻炼效果，又不会对人体造成危害。同时，要遵循人体运动的生理规律，运动负荷由小到大，运动心率由低到高，逐步上升，并逐渐恢复到平静状态。动作编排由易到难，速度由慢到快，强度由弱到强，逐步增加运动负荷，当达到和保持一定运动负荷后，再逐渐减小。

健美操运动中，最大心率的计算公式为：

最大心率 =220 －年龄

2. 合理性原则的实施

在实施合理性原则进行健身健美操创编时，需要做到以下几个方面的要求：①成套动作的编排应根据人体运动生理解剖规律，合理设计动作的顺序。②根据人体运动生理学规律，运动一般从身体的远端开始再逐渐过渡到全身，使身体逐步适应运动变化，所以创编时应该合理安排和设计动作顺序。主要是要求创编者在编排中避免容易造成伤害的方法与手段，避免一些反关节的运动或关节受压过大，严格遵守人体生理活动规律进行创编，这样不仅可以使身体肌肉顺势用力，而且可以体现成套动作的自然美。③根据人体运动解剖学将人体沿脊柱纵向把人体分为对称的两个部分，因此在创编健美操的过程中应该充分地考虑人体左右均衡地发展。当设计动作时，特别是人体单侧动作，要注意安排同等运动另一侧动作，只有这样才能保证两侧均衡地发展。④控制运动负荷在创编的过程中是非常重要的。如果负荷强度安排不合理，则会严重影响到练习效果，甚至造成运动损伤。所以健身健美操严格规定把运动负荷控制在中小强度，使之确保运动当中的呼吸供氧。⑤根据锻炼的目的，选择合适的运动负荷。国内外一些专家把心率作为衡量运动负荷的一种方法，把同年龄组运动最高心率和实际运动心率进行比较，把运动强度划分为 3 个区：当运动者的平均心率达到其最高心率的 60% ～ 80% 时，为健身区（此时心率越高对身体的影响越大，锻炼的效果越明显）；高于 80% 为强化训练区（此时运动强度大，且影响身体更剧烈）；低于 60% 为消遣区（此时只起到一般性活动身体的作用）。⑥在创编健美操时，应该注意运动负荷的设计在过程中呈波浪形上升与下降，总体运动负荷可出现一个到三个高峰，注意在出现多次高峰时每次的强度应有所不同，可递加或递减。成套时间越长出现高峰的可能性越大，相反则越小。

（四）针对性原则

在健身健美操创编时，针对性原则就是要根据不同对象的特点、不同的目的任务及不同的运动水平等情况，有区别地进行设计、编排，使创编能够做到有的放矢，有所侧重。

增进健康，培养正确体态，塑造美的形体，陶冶美的情操，是健身健美操锻炼的主要目的所在。但具体到某一套操的编排和动作内容的选择上，其目的又有所不同，任务也有所侧重。针对不同的练习对象选编有特色的动作，也是成套编排中不容忽视的问题。健身操的创编除要考虑目的、任务和对象外，还要考虑时间、场地、器材等实际条件，如缺乏良好的地面条件，就不宜创编更多的卧地动作。如果条件允许的话，可创编一些轻器械健身操，以增加运动负荷，增强肌力，丰富操的内容和形式。常用的练习器材有踏板、小垫、椅子、哑铃、沙锤、花球、银环、实心球、体操棍、皮筋、拉带等。

针对性原则在健身健美操创编实施过程中，需要做到以下几个方面的要求。

1. 因人而异进行创编

在健身健美操创编时，人的差别主要体现在年龄、性别、身体状况、运动水平、文化层次及心理特点等方面。

练习者的运动水平决定了创编动作的难易程度，成套动作的运动负荷，以及成套艺术性的表现，所以应根据练习者的不同运动水平进行创编。

2. 因地制宜进行创编

健身健美操的创编要考虑场地、器材等方面的因素。尽管健美操对场地的要求不大，但是，某些动作对场地有一定的要求。比如卧地的一些动作，要考虑场地是否允许，持轻器械健美操动作要求具备一定的器材设备和条件。健身健美操常用的器材有踏板、哑铃、花球、体操棒等。

（五）创新性原则

创新性原则是指在健身健美操创编中，成套的设计必须以令人难忘的与众不同的新颖感觉，展现音乐、动作设计、独特的创造性的结合。创新是健身健美操的生命，健身健美操要敢于创新，敢于突破旧的传统。此外创新性原则主要是了解国内外健身健美操的发展现状和趋势，以便总结、继承和发展已有的创作成果。因此，在健美操创编时必须遵循创新性这一重要原则。创新性原则在健身健美操中实施需要做到以下几个方面。

1. 创新动作的编排

可以从动作方向的变化、动作节奏的变化、动作路线的变化、成套组合动作的变化，以及造型的变化、队形的变化中获得。创编健美操更具有灵活多变性，它可以移植吸收各种优美的健身动作，只要符合人体生理解剖规律。所以创编动作不仅要使各种动作相互交融，刚柔相济，而且要建立在全身整体机能得到锻炼的基础上，力求整套动作变化丰富，姿态优美，富有新鲜感，编织成为一幅美不胜收的健与美的画面。

2. 动作的创新

创新的动作要根据人体结构的运动规律设计独特新颖的动作整体布局，连接过渡要巧妙而流畅。健身健美操创新动作的方法通常有：①移植法。指把一个项目的动作的部分或全部引入到健美操中来，并通过一定的改造而获得新动作的方法。②逆向法。把原有的单个动作或组合动作顺序颠倒，从中启发或获得新动作的方法。③节奏变化法。指把原有的动作通过节奏的改变获得新动作的方法。

3. 音乐的选择要有新意

音乐的选择可以借鉴各种类型、风格、国度的音乐特点。不论是民乐、西乐、打击乐，都可以大胆地选择，以促使动作刚劲、有力、明快，与动作协调配合，激起观众的热情，给人以深刻的印象。此外，在选择音乐时，保证动作特点和音乐风格匹配是非常重要的，不要一味地为了创新、为了追求新意而忽视动作和音乐之间的协调一致。

4. 丰富的想象力

想象力是创造力的源泉，是对事物未知领域的设定与判断。想象力并非凭空而来，而是通过对周围事物的观察分析加工而来。所以创编者首先要丰富自己，了解国内外健美操发展新动态，深刻理解健身健美操的精髓，以及借鉴体操、艺术体操、体育舞蹈、武术、瑜伽等多种健身素材，创编出既有健身价值又有艺术价值的健美操。

（六）音乐与动作一致性原则

音乐与动作一致性原则是指在健美操创编时，将音乐艺术的“声”引进到健美操动作的“形”中，有机地结合成为一体，使单一的感知动作成为运用两种感官复合感知的健美操，提高健美操的艺术效果。

音乐与动作一致性原则在健身健美操创编的实施过程中，要求健身健美操音乐的选配，要考虑到音乐与动作的风格的统一，同时还要考虑到健美操是健、力、美的统一体，强调美与力的结合，所以它的旋律要动听，力求新颖，富于变化，节奏鲜明、强劲、规整，速度适中，必要时可对音乐进行剪辑。音乐与动作的统一具体表现在以下几个方面：①动作的高潮、低谷与音乐的起伏相一致，伴随音乐的节奏变化，结合各种动作递次进行，逐步达到高潮。②音乐的风格与动作风格相一致。③音乐的节奏与动作的节奏相一致。创编健美操时，一定要根据音乐的结构完成动作的编排。选择快节奏的音乐就要编排快节奏的动作相统一，慢节奏的音乐就应该与慢的动作相吻合。如果节奏不一致，就会使动作失去动感韵律，破坏了原有的完整性。④成套动作的时间与音乐时间的一致性。健身健美操在时间上是灵活多变的，但无论成套动作的时间长与短，都必须与音乐时间的长度一致，所以编排的音乐与动作都必须在相同的时间内完成相对完整的结构与情绪表达。⑤不同节奏的曲调与相应动作的配合。在一套练习中可以用一首曲调的音乐贯穿始终，也可以用同样节奏的几首不同曲调的音乐或不同节奏不同做调的音乐与相应动作配合。因为一套操中的动作节奏会有快有慢，乐曲也应该有相应的变化与之相配合，从而达到动律统一的效果。

（七）艺术性原则

健美操既是一项锻炼身体的手段，又是一种形体艺术。因此，在单个动作设计上，要健美、大方，力求使体操动作艺术化、舞蹈动作体操化，并在吸收一些现代舞、民族舞动作时，要结合操的特点进行再创造，使动作活而不乱，美而不花，注意多方向、多角度、多层次地展开动作。在成套动作的艺术处理上，要讲究抑、扬、顿、挫、起、承、转、合，还要注意动作的大小搭配、左右回旋、上下起伏、快慢交替。动作与动作的连接有时不要填得太满，要留有余地，给集体练习时的队形变化留有空间。在健美操运动中，音乐是健美操的灵魂，它影响着健美操的风格、结构、速度和节奏。动作和节奏协调一致就能激发练习者的兴趣，使练习者感到愉快和美的享受，达到健身和陶冶情操的目的。

二、健身健美操创编的依据

（一）以练习者的基本特征为依据进行创编

健身健美操是一项参与性较强的体育运动，老少皆宜。所以在健身健美操的创编过程中要依据不同练习对象的基本特征，对练习强度、感受能力、表现能力等方面的不同要求，有针对性地进行创编，做到有的放矢。在创编风格、技术难度、负荷大小等方面要因人而异，才会收到良好的健身效果。

1. 健身健美操创编应以练习者的年龄特征为依据

不同年龄阶段的练习者在生理、心理上有很大的差异，因此，在健身健美操的创编上也有很大区别。

2. 健身健美操创编应以练习者的性别特征为依据

健美操向人们展示的是人体的健、力、美。性别的不同，其美的表现方式就不同。男性力量较强，在创编时要选择和设计体现男性阳刚之气，潇洒豪放的动作造型。女性柔韧性、灵巧性较好，在编排上多一些舒展、优美、柔中带刚和舞蹈性较强的动作，以展示女性矫健的身姿。

3. 健身健美操创编应以练习者的身体状况特征为依据

健身健美操的主要特征之一是健身性，发展人的运动基本素质，创编健身健美操应该在保障健身者免受伤害的前提下，充分发挥健身健美操的健身性。因此，创编健身健美操应依据练习者身体状况的特征，充分考虑参与者自身的综合因素，根据练习者身体的协调性、灵活性、柔韧性、节奏感等能力，同时考虑练习者的身体健康状况特征，有针对性地创编不同类型的、负荷量适宜的健身健美操，以达到健身的实效性。

（二）以健美操基本技术特点为依据进行创编

健美操在一定意义上可以说是以身体各关节的灵活性、肌肉的弹性、韧带的伸展性为基础，在身体各部位的参与下的一种健身运动项目。其基本技术特点一般包括：身体节律性弹性特点、身体姿态的控制性特点、身体的协调性特点，同时它派生力度特点、重心移动等特点。

1. 身体节律性弹动特点

在健美操运动过程中自始至终都保持着明确的动作节奏感，这种节奏主要体现在动作过程中重心上下起伏，全身的动作节奏始终与音乐的节奏相吻合，通过髋、膝、踝的弹动完成动作。弹性是健美操的一大显著特征。弹性包括身体各关节的屈伸和缓冲弹性、身体各部分肌肉的屈伸弹性。其中较为重要的是身体各关节的屈伸。身体各关节的正确屈伸有助于缓解压力，放松神经，使肌肉协调运动，避免动作僵化引起的身体各部位的伤害。另外，身体各部位的弹性也使健身健美操动作表现出动感活力。

2. 身体姿态的控制性特点

在健身健美操运动过程中，无论动作怎样复杂多变，整个身体要求始终控制在标准健康位置，这里的身体标准姿态的控制技术包括身体重心的正确位置，身体各环节的正确位置，身体各关节的正确屈伸，身体各部分肌肉的正确收缩与放松。正确的身体姿态的控制技术使练习者身体各部位协调运动，有助于练习者更加有效的锻炼，预防身体各关节屈伸过度、肌肉过于收缩或过于放松造成的伤害事故的发生，这就是健美操身体姿态的控制性特征。即便在长时间的复杂多变的步伐组合过程中或动作后，整个身体的标准姿态不被破坏。通过对身体姿态的控制来体现动作的速度、幅度等，展现健身健美操的动作特点，体现健身健美操所特有的动作力度，并通过对身体姿态的控制来提高人体的体态美，健身健美操创编应该依据健美操身体姿态的控制技术特点。同时，优美的身体姿态会给人以美的享受，提高观赏性。因此，在健身健美操创编过程中，动作的创编应该充分考虑到身体姿态的控制技术特点，实现健身健美操的技术特点。

3. 身体的协调性特点

健美操动作一般皆为全身性的自然动作，每一节几乎全身各关节及大小肌肉群都要参加运动。组合越复杂，每单位动作速度就越快，变化的过程就必须越流畅，为此，就需要肌肉紧张与松弛相结合，需要关节屈伸动作的节奏和谐配合。健美操动作大多为多关节的同步运动，很少是单关节的局部运动。如完成大幅度的上肢运动时，多伴有腰、肩、膝和头部等动作，这样使身体各关节的活动次数成倍增长。同时在健美操运动中，不仅有对称性动作，而且还有许多非对称的或依次完成的动作。这些都要求肌肉、关节协调配合完成动作，体现身体的协调能力。创编健身健美操时应该注意动作力度的特点，使健身健美操动作符合生物力学特征，充分体现健身健美操的力度之美。

4. 身体的重心移动特点

健身健美操创编应该以健美操的重心移动特点为依据。健身健美操动作要求身体重心移动平缓。健身健美操练习中，如果重心移动幅度过大，速度过快，不仅达不到锻炼效果，而且容易造成练习者身体关节、肌肉扭伤，因此，健身健美操创编应该注意健美操重心移动的特点。

（三）以场地、设施的环境条件为依据进行创编

健身健美操的创编除了依据练习者的特征外，还应该依据健身健美操比赛或表演的场地、设施等环境条件。健身健美操在室内、室外均可进行。一般来说，场地设施较好时，可以创编难度稍大些，较为复杂的健身健美操；而场地、设施条件较差时，则需要降低健身健美操的难度，以避免伤害事故的发生。另外，一套健身健美操比赛或表演的人数可以从几人到几百人，甚至上千人，因此，随着人数多少的不同、场地大小的变化，健身健美操的创编应根据实际情况予以变化调整，使健身健美操的创编与场地、设施等环境条件达到最佳结合。

（四）以健美操技术风格多样化发展趋势为依据进行创编

健美操是一项包容性很强的体育运动项目。随着健美操运动的广泛开展，越来越多的运动项目的动作融入了健美操动作中，使健美操动作风格趋于多样

化。备受人们喜爱的拉丁健美操、搏击健美操、踏板健美操就是健身健美操与其他运动项目的完美结合。健身健美操的创编应该依据动作风格多样性的特点，在创编中吸收更多的项目中的新动作，使健身健美操的创编更加丰富多彩。

三、健身健美操创编的基本方法

（一）针对初级练习者的创编方法

对于一些健美操爱好者和初级练习者来说，创编一套适合自己的健美操对于其健身效果的获得有着巨大的促进作用。

1. 收集健身健美操动作素材

健身健美操动作素材的收集是健身健美操创编的前提之一。只有拥有了大量的动作素材，才能创编出丰富多样的健身健美操。健身健美操素材来源于身体各部位，再形成不同形式、不同类型、不同组合的系列动作。身体动作只要不违背解剖结构所构成的都可以纳入健身健美操素材。健身健美操动作素材收集法的具体形式主要有以下几种：

（1）记录法

记录法是指创编者将通过各种途径获取的健身健美操创编素材，用图画或文字的形式记录下来，以比较完整地记录下所有素材，比较深刻地认识素材的内涵，从而更加合理地创编出丰富多彩的健身健美操。

（2）实践法

实践法是指创编者亲身体验各种项目以获取技能进行健身健美操动作创编的方法。在条件允许的情况下，这是一种较实用的方法，它能给初级创编者以最深刻的技术动作感觉刺激，使他们能够自如地将获取的动作素材运用到健身健美操创编中。

（3）录像法

录像法是指创编者通过观看录像而获取相关项目感性材料的方法。它是一种获取相关项目信息简便易行的途径。初级创编者可以根据实际需要，有选择地选取录像材料来观看。

（4）观察法

观察法是指在日常生活中，创编者通过细心的观察，捕捉生活中的动作信息的一种方法。例如：在创编少儿健身健美操的时候，可以观察生活中儿童许多有趣的动作，把这些动作素材进行提炼、加工。

2. 对健身健美操的创编元素加以了解

初级创编者创编健身健美操要从认识健身健美操创编元素开始。健身健美操创编元素主要是指创编健身健美操过程中需要考虑的动作元素与音乐元素。

动作是指物体的活动，健身健美操的动作是指人体在空间的活动。动作在健身健美操创编当中居首要因素，安全的、科学的动作会使练习者更容易接近乃至达到目标，反之则会事与愿违，甚至对人造成伤害。优美大方的动作可使人赏心悦目，并给人们带来欢乐从而延缓疲劳现象的产生，反之则容易使人产生厌烦心理。动作元素主要由关节、肢体等身体其他部位所处的状态（姿势），并且这些不同状态有机组织成不同的姿势动作。这些动作元素有上肢动作、躯干动作、下肢动作。其中上肢动作包括手臂动作及其变化动作，下肢动作包括基本步伐及其变化动作。健美操基本步伐的分类有许多种方法，分类是为了便于研究，因此，这里为说明动作，将健美操基本步伐分为踏步、踏并步、V 字步、交叉步、移动步、开合跳、提膝跳、弹踢腿、点步、后踢腿跑、吸腿、弓步等。

音乐是声音的艺术，它作为完整的艺术形式，有着自己独特、系统、完整的表达方法与方式，健美操的动作在音乐的衬托下，使健美操更具有生命力与艺术性，可以说为健美操添上了翅膀，使健美操扩大了表现空间。在创编健身健美操之前，创编者应该加强音乐素养的培养，使自己掌握有关乐理知识，认识乐曲结构，了解音乐与动作之间的关系，加深对健美操结构的理解，懂得如何选配、处理和制作音乐等知识，重视音乐素养的培养。培养乐感可以通过反复听音乐、数节拍、跟随音乐节拍击掌等方法来体验音乐的节奏感和韵律感，将听、说、动三者紧密结合起来，强化创编者的乐感。

3. 健身健美操上肢动作创编方法

健身健美操是锻炼身体各部位均衡发育，使全身肌肉发展匀称，既强身心，又塑造形体，因此，创编健身健美操时不可忽视对称动作的创编，以体现全面发展的锻炼因素。健身健美操上肢动作包括手臂动作及其变化动作。健身健美操上肢动作的创编方法主要有以下几种。

（1）上肢动作节奏变化法

上肢动作节奏是指上肢动作所形成的强弱和时间间隔的关系。健身健美操上肢动作节奏变化法是指加快或放慢上肢动作节奏，使上肢动作不仅仅是一拍一动，还可以是两拍一动、两拍三动等，从而丰富了健身健美操上肢动作的创编。

（2）上肢动作幅度变化法

上肢动作幅度是指做动作时，上肢或上肢某部分移动距离的大小。健身健美操上肢动作幅度变化法是指通过改变上肢动作手臂屈伸的杠杆变化来调节幅度大小，创编出新的上肢动作。如两臂屈臂上举和两臂直臂上举比较，前者的运动幅度较后者大。

（3）上肢动作插入法

健身健美操上肢动作插入法是指在一个八拍或几个八拍里，在原有的两个或两个以上上肢动作中间插入新的上肢动作，以创编出更加丰富的健身健美操。如一个八拍上肢动作由两臂胸前屈两次和两臂侧举两次组成，运用上肢动作插入法，在两臂胸前屈两次之后和两臂侧举之间插入两臂肩侧屈一次，就构成了两臂胸前屈两次＋两臂肩侧屈一次＋两臂侧举一次。

（4）上肢动作对称法

上肢动作对称法既是指单个上肢动作的对称性动作，也是指一个八拍或多个八拍上肢动作组合的对称性动作。如两臂上举属于对称性动作，又如创编与前一个或几个八拍动作组合的动作相同，方向相反的上肢动作。

（5）上肢动作递增法

健身健美操上肢动作递增法又称上肢动作“1+n”法，是指在一个八拍或几个八拍里，在原有一个上肢动作的基础上，逐渐增加上肢动作的数量，从而创编出丰富多彩的健身健美操。

（6）上肢动作轨迹变化法

上肢动作轨迹是指做动作时，上肢或上肢某部分运动所经过的路线。健身健美操上肢动作轨迹变化法是指通过改变上肢动作运动轨迹，创编出新的上肢动作。如四拍动作：第一拍，左腿提膝跳，左臂侧举，右臂胸前屈；第二拍，左腿放下，两臂放于体侧；第三拍，右腿提膝跳，右臂侧举，左臂胸前屈；第四拍，右腿放下，两臂放于体侧。改变运动轨迹后，第二拍变为左腿放下，两臂上举。这个四拍动作的开始和终止动作一样，只是改变了动作轨迹，第二拍上肢动作由两臂放于体侧变为两臂上举，使上肢动作内容更丰富，动作的力度感更强了。

（7）上肢动作改变排序法

健美操上肢动作的排列顺序是指完成上肢动作时的动作先后顺序。上肢动作改变排序法是指在原有的一个或几个八拍动作的基础上，改变一个或几个八拍中上肢动作的排列顺序，从而构成新的上肢动作组合。如一个八拍上肢动作由两臂上举两次＋两手胸前击掌两次＋两臂斜下举一次组成，运用上肢动作改变排序法，改变上肢动作排列顺序，将两手胸前击掌两次放于两臂上举两次之前，就构成了新的上肢动作组合：两手胸前击掌两次＋两臂上举两次＋两臂斜下举一次。

4. 健身健美操躯干动作创编方法

健身健美操躯干动作创编的方法主要有以下几种。

（1）躯干动作幅度变化法

躯干动作幅度是指做动作时，躯干或躯干某部分移动距离的大小。健身健美操躯干动作幅度变化法是指通过改变躯干动作幅度，创编出新的躯干动作。如改变体前屈动作幅度，会产生具有不同锻炼效果的体前屈动作，增大体前屈幅度使难度增加，减小体前屈幅度使难度减小。

（2）躯干动作方向变化法

躯干动作方向是指躯干动作所面对的方向。健身健美操躯干动作方向变化法是指改变躯干所面对的方向，使躯干动作方向不是单纯地面对一个方向，而是变化多样，丰富多彩。躯干动作方向变化多伴随下肢动作方向变化。

（3）躯干动作节奏变化法

躯干动作节奏是指躯干动作所形成的强弱和时间间隔的关系。健身健美操躯干动作节奏变化法是指加快或放慢躯干动作节奏，使躯干动作不仅仅是一拍一动，还可以是两拍一动、两拍三动等，从而丰富了健身健美操躯干动作的创编。

如含胸或挺胸动作可以一拍一动，也可以放慢动作节奏两拍一动，还可以加快动作节奏两拍三动。

（4）躯干动作轨迹变化法

躯干动作轨迹是指做动作时，躯干或躯干某部分运动所经过的路线。健身健美操躯干动作轨迹变化法是指通过改变躯干动作运动轨迹，创编出新的躯干动作。如四拍动作：第一拍，向左顶髋一次；第二拍，还原；第三拍，向右顶髋一次；第四拍，还原。改变运动轨迹后，第二拍变为髋部由左向右绕。这个四拍动作的开始和终止动作一样，只是改变了动作轨迹，第二拍躯干动作由还原变为由左向右绕，使躯干动作内容更丰富。

5. 健身健美操下肢动作创编方法

健身健美操下肢动作包括基本步伐及其变化动作。健身健美操下肢动作的创编方法主要有以下几种。

（1）下肢动作路线变化法

下肢动作路线是指下肢动作向前、后、左、右、斜前、斜后等方向的运动。下肢动作路线变化法是指通过改变下肢动作运动路线，从而创编新的下肢动作。

（2）下肢动作幅度变化法

下肢动作幅度是指做动作时，下肢或下肢某部分移动距离的大小。健身健美操下肢动作幅度变化法是指通过改变下肢动作幅度，创编出新的下肢动作。如侧弓步动作，既可减小两腿之间的距离，形成幅度较小的侧弓步，又可增大两腿之间的距离，形成幅度较大的弓步。

（3）下肢动作方向变化法

下肢动作方向是指下肢动作所面对的方向。健身健美操下肢动作方向变化法是指下肢带动身体改变所面对的方向，使下肢动作方向不是单纯地面对一个方向，而是变化多样，丰富多彩。下肢动作方向变化多伴随躯干动作方向变化。

（4）下肢动作轨迹变化法

下肢动作轨迹是指做动作时，下肢或下肢某部分运动所经过的路线。健身健美操下肢动作轨迹变化法是指通过改变下肢动作运动轨迹，创编出新的下肢动作。如四拍动作：第一拍，左腿向前弹踢一次；第二拍，左腿收回；第三拍，左腿再向前弹踢一次；第四拍，左腿收回。改变运动轨迹后，第二拍动作变为左脚脚尖在右脚外侧点地一次。

（5）下肢动作对称法

下肢动作对称法主要是指一个或多个八拍下肢动作组合的对称性动作。如创编与前一个或几个八拍动作组合的动作相同，方向相反的下肢动作。

（6）下肢动作改变排序法

健美操下肢动作的排列顺序是指完成下肢动作时的先后顺序。下肢动作改变排序法是指在原有的一个八拍或几个八拍动作基础上，改变一个或几个拍中下肢动作的排列顺序，从而构成新的下肢动作组合。

（7）下肢动作插入法

健身健美操下肢动作插入法是指在一个八拍或几个八拍里，在原有的两个或两个以上下肢动作中间插入新的下肢动作，以创编出更加丰富的健身健美操。

（8）下肢动作节奏变化法

下肢动作节奏是指下肢动作所形成的强弱和时间间隔的关系。健身健美操下肢动作节奏变化法是指加快或放慢下肢动作节奏，使下肢动作不仅仅是一拍一动，还可以是两拍一动、两拍三动等，从而丰富了健身健美操下肢动作的创编。如开合跳可以是一拍一动，也可以放慢节奏两拍一动，还可以加快节奏两拍三动。

（9）下肢动作递增法

健身健美操下肢动作递增法又称下肢动作“1+n”法，是指在一个或几个八拍里，在原有一个下肢动作的基础上，逐渐增加下肢动作的数量，从而创编出丰富多彩的健身健美操。如在一个八拍里，开合跳 4 次，运用下肢动作递增法，加入左腿提膝一次，再加入前弓步两次，就构成了开合跳两次＋左腿提膝一次＋前弓步 2 次。

6. 头部、上肢、躯干、下肢动作协调配合创编方法

在健身健美操创编过程中，头部、上肢、躯干、下肢动作创编是健身健美操创编的主要内容，头部、上肢、躯干、下肢动作的协调配合也是健身健美操创编中需要考虑的重要内容，只有全身各个部位协调配合，才能使创编的健身健美操更加流畅、安全、达到全面健身的目的。头部、上肢、躯干、下肢动作协调配合的创编法主要有以下两种。

（1）符合肌肉牵张原理法

健身健美操动作要符合肌肉牵张原理，符合肌肉牵张原理的动作能使锻炼者身体得到实效性的锻炼，往往达到事半功倍的效果，而不符合肌肉牵张原理的动作，不仅锻炼效果事倍功半，而且容易造成身体的伤害事故。如创编含胸动作时，运用符合肌肉牵张原理法，创编者必须创编低头动作，而应避免抬头或仰头动作；创编挺胸动作时，运用符合肌肉牵张原理法，创编者必须创编抬头或仰头动作，而应避免低头动作。

（2）保持重心合理位置法

健身健美操创编要遵循健身性和安全性原则，安全性是基础，我们要在安全的基础上发挥健身健美操的健身性。在健身健美操练习中，人体重心应该时刻处于合理位置，如果人体重心不稳，处于不合理位置，往往会造成人体重心失去平衡，发生伤害事故。因此，在健身健美操创编中，创编者应该充分考虑头部、上肢、躯干、下肢动作的协调配合，以及时调整人体重心位置，使人体重心处于合理位置，避免伤害事故的发生。如在创编下肢动作左腿提膝跳后，为了调整身体重心，我们在创编上肢动作时应该充分考虑平衡身体重心，创编左臂侧举，右臂胸前屈的上肢动作，能使我们调整左腿提膝后造成的身体重心不稳，而如果创编右臂侧举，左臂胸前屈，就会造成身体重心更加不稳。

7. 集体项目创编法

集体项目创编除了上述列出的创编方法以外，由于集体项目自身的特点，集体项目创编的方法主要有以下两种。

（1）协调配合法

配合是健身健美操集体项目创编的重要内容，配合是指两名或两名以上的练习者之间的主动配合，即指动作的表演或音乐的体现是通过两名或更多练习者共同完成的，包括练习者之间的身体接触和相互交流。优美、协调、默契的配合使健身健美操集体项目流畅、精彩，从而使健身健美操集体项目更加体现出集体合作的特性。如练习者互相表演探戈、相互击掌、相互对视、进行目光交流等。

（2）队形变化法

队形是健身健美操集体项目创编中不可或缺的要素，队形设计、编排与变化的新颖独特，布局合理，能烘托成套动作的情绪与气氛。队形变化法就是要遵循运动形式美的基本法则，充分利用场地，注意队形的纵深变化和伸缩的幅度及垂直面上的不同层次的高低变化，使空间结构充实饱满，产生引人入胜的神奇效果。如菱形、“L”形、三角形、六边形、平行四边形、十字形、梯形等等队形都是健身操队形变化较多的形式。

（二）针对中、高级练习者的创编方法

在健身健美操运动中，针对中、高级练习者进行创编，就是在初级创编的基础上进行内容与方法的提高。一般地，针对中高级练习者的创编方法主要有以下几种。

1. 分解法

对全套健身健美操动作分部分进行创编的方法，就是分解法。一套完整的健身健美操包括准备部分、基本部分、结束部分 3 个部分。准备部分主要目的是为进入应有的运动强度做准备，防止运动损伤，同时做好锻炼的思想准备。基本部分是锻炼的主要部分，目的是提高运动负荷量度，通过运动而减脂，提高人体运动的基本素质和内脏器官的机能水平。结束部分目的是机体得到充分的放松，通过降低运动负荷从而恢复到锻炼前的状态。

对于准备部分，以拉伸动作为主。基本部分，要始终保持跳的弹性，它使整套动作达到高潮。结束部分，过渡要自然，不能立即停下来。一般来说，活动部位应从远离心脏的肢体末端开始逐渐过渡到躯干直至全身性活动。动作节奏要由慢到快，运动量由小到大，逐渐增强。动作结束时要由大到小，由强到弱。它既要有一般简单的协调性动作，又要有训练有素的高度协调动作。

2. 整体法

对全套健身操动作的整体构思，即对一套动作的初步的完整的设想，就是整体法。整体构思不是具体动作的创编，而是一种形象的思维活动，这种总体的框架的设想，确定了一套动作的风格、时间长短、强度大小、音乐的选择、动作的基本内容等，这也正是整体构思所应包括的内容，同时也确立了全套动

作的基调。

3. 线性法

逐渐增加新的动作元素的一种方法，就是线性法。它较之分解法，针对的是更加具体的动作，是动作的逐渐累积，是健身健美操具体动作创编中最常用的一种方法。它可以是一个个具体动作元素的增加，也可以是一小节一小节动作的积累。

以一组动作一个八拍为例，先编排第一组动作，在第一组动作的基础上，编排第二组动作，连接成一个小节，再编排第三组动作，将第三组动作与第一、二组动作连接起来，依此类推，完成成套动作的编排。

4. 叠加法

在创编健身操动作时，将两个或两个以上独立的技术动作通过巧妙地结合或重组，形成新的技术动作或成套组合动作，这就是所谓的叠加法。健身健美操的动作组合既可以是同一类型动作变化为多个不同特色风格的动作，也可以是不同类型多个单独动作进行适当重组，最后完成成套动作的编排。成套动作是否流畅、自然，连接与过渡动作至关重要，动作的设计要符合健身健美操的特点。成套动作不宜停顿过多，动作之间需要有间隙时，停顿最好不要超过 2 拍，不要有多余步伐，动作之间的转换必须轻松和自然。

5. 递进法

单个动作编排中最常用的一种方法，就是递进法。它是在原有动作基础上为提高动作难度和动作的编排技巧而递进增加另一动作的方法，依此类推，保证每组之间连接合理顺畅，最终完成成套动作的创编。递进指的是既可以在原有动作基础上递进增加另一个动作，也可以是动作与过渡性、舞蹈等特色动作的连接，增加动作的艺术感。

6. 动作创编技巧法

连接设计系指成套动作编排过程中，采用多种变化把分割的各段动作连贯而和谐地串联成有机的整体。基本动作之间、基本动作与风格动作之间均要做到衔接紧凑、巧妙、流畅。连接的方法以动为主，以瞬间造型的静态动作为辅、停而不断、行而不乱，能够更加完美地体现出一套动作的完整、流畅、通顺与和谐。

在分部分编排的基础上把诸段落合成时，不可避免地会出现段与段之间衔接的失调，这需要加以调整，使其更紧凑、流畅。连接的方法主要有以下几种。

（1）术语法

术语法是指根据健美操专门用语进行创编的方法，通过改变动作的关系，动作的方向以及在术语中选择合适动作等因素进行创编的一种方法。这种方法简单实用，但是要注意编排的过程中并不是动作的叠加和堆砌，动作之间要有一定的联系，具有规律性和科学性。

（2）修饰法

修饰法是指对一套大体已成形的健身操套路进行某些细节上的变化或改变的方法。使其更具活力和艺术性。从而达到淋漓尽致充分展现肢体美和欣赏的目的。修饰法主要修饰的部位有头部、手和脚。这 3 个部分在编排健身健美操套路时是最容易被忽视的部分，然而在编排时将其充分地发挥却能达到画龙点睛的效果。

（3）转换法

转换法就是在原有动作基础上进行方向、面、节奏、位置、速度、强度、幅度方面变换的方法。根据需要可选择其中一种或多种进行变换。在原有动作素材的基础上运用转换法，可编排出多样的健美操动作。成套动作设计的多样性要从动作的创编以及动作与动作之间的连接等方面入手，力求动作丰富、不断创新，把有限的动作通过巧妙多样的组合变为，无限的动作，成为具有锻炼价值的健身健美操动作。

因此，在健身健美操的连接与设计中，要合理地运用连接方法，使动作之间的衔接巧妙、流畅、合理、有创造性。

第三节　竞技健美操创编的方法

一、竞技健美操创编的原则

（一）针对性原则

竞技健美操创编中的针对性原则主要从以下两个方面得到体现。

1. 要针对运动员的特点创编

创编者要根据运动员的特点创编不同风格的健美操。竞技健美操基本上属于个性化的比赛项目，学生之间存在着各种差异，除了个性上的差异，还有运动能力、身体素质、技术、外形等方面的差异，在创编中只有充分把握学生的特点，才能充分发挥学生的优势，表现其独特的风貌。例如，对弹跳力好的学生，要多编些跳跃性强、难度大的动作，使其弹性的跳跃动作、轻盈的空中姿态得到充分地展示；对柔韧性好的学生，多编排一些难度较大的劈叉、平衡、柔韧性较高的难度动作，以展示其舒展、柔韧、优美的高超技能；对力量型的学生，可编排一些支撑与水平类的高难度动作，以表现其较强的力量和控制能力。

2. 要针对项目的特点编排

竞技健美操比赛项目一般包括男单、女单、混双、3 人和集体 6 人（男女性别不限）。单人是个人项目，无配合和队形变化问题（但要注意运动方向、路线的变化，充分使用场地），因此，动作语言的丰富独特、难度动作的设计合理性是创编的核心；混合双人创编的关键是同步动作的协调一致和配合动作的丰富、巧妙与默契，如双人的上下起伏、左右交错、前后互换、分合交替等；3 人项目增加了队形变化的因素，但 3 人的队形变化毕竟有限，因此 3 人互换位的自然流畅、同步与配合动作的巧妙组合是创编的要点；集体 6 人项目，人数较多、创编难度较大，因此，它要求队形变化丰富、富有立体感、动作整齐、层次分明、流动性大、配合协调，并有创造多种多样新颖优美的造型与技巧的广阔天地。它更强调的是整体而不是局部效果的完美，队形画面的对称、立体或均衡，以及成套动作造型全景的效果。

（二）适应规则变化原则

竞赛规则在竞技健美操中的作用至关重要。创编者在进行竞技健美操创编前首先要做的事情就是要了解并吃透竞赛规则，因为竞赛规则是创编的法定依据，也是裁判评分的依据，它直接关系到动作的质量和成绩的高低。

竞技健美操竞赛规则是一个不断发展、进步和完善的过程，健美操运动理论和实践的不断深入，更是为竞赛规则的完善注入了新的活力。

可以说，适应竞赛规则的变化是健美操创编者在创编前必须明确的、首先要遵循的原则。认真学习比赛规则，对规则中所规定的各项条款特定规则、补充规则的具体要求，都要逐条探讨。只有符合规则要求创编才能在竞赛中取得基本的成功。一高校竞技健美操的创编一定要适应学生健美操竞技比赛的要求，在体现竞技性的同时，注重趣味性、娱乐性的开发。

（三）整体性原则

竞技健美操作为健美操的一种，因此它也以全面整体健身为根本目的，但在竞技健美操创编中坚持全面整体性与健身健美操不尽相同，它不一定按照由远而近、自上而下的顺序全面整体设计身体各部位的运动，而主要是全面发展人体整体的力量、柔韧、灵敏、耐力等身体素质。因此，在竞技健美操创编过程中，我们必须考虑到怎样的编排才能更好地展示运动员整体的身体素质。此原则的运用在创编过程中主要表现为对难度动作的选择方面。

整体性原则是指在成套动作中，各类难度动作能够达到一种最佳组合状态，不能使某一类难度动作过分地集中出现。每一类难度动作都体现着不同的人体的身体素质，所以在进行难度动作选择时，我们也应该考虑到所选择难度动作组别的均衡性，以体现运动员整体的身体素质。

（四）创新性原则

竞技健美操往往是为参加比赛或表演而创作的。创新是竞技健美操的生命，没有创新就没有竞技健美操的发展。要想在竞赛中取得优异成绩，成套动作创新编排的新颖独特就显得尤为重要。创新可从动作、难度、连接、配合、队形和音乐等方面着手，但其中动作的创新是其他创新的基础，更应予以重视。

1. 开场造型要做到新颖独特

开场是给观众和裁判第一印象最深刻的部分，好的开场是成功的一半，能否将其独特魅力映入裁判的视线，就显得非常重要。全套操的一般性动作也要做到创新，争取做到每个动作都为原创，可从体操、健美、舞蹈、民间舞、爵士舞等多方面进行借鉴，选择其中造型美、幅度大、有力度、节奏感强的动作，进行改进，加以操化。在特定动作中，创编余地也很大，既可以在动作难度上创新，也可以在难度价值上创新。

2. 动作设计上要做到创新新颖

在动作设计上，除了考虑那些传统的健美操动作，还应善于创造新颖的动作，创造有含义的动作，展示一个典型形象，突出编排成套动作的第一个八拍和最后一个八拍。国际规则有关艺术创造性中指出：表演是与众不同的，独特的和非凡的。并在完全新颖的音乐和独特的动作时指出：当所有的因素被编排和融合一起时，才能形成一套与众不同的独特的和令人难忘的成套动作。动作设计、健美操组合的编排、过渡动作、不同的队形，这些都是新颖的、与众不同的、不可预见的。并且通过运动员的动作和表现与音乐风格完美地结合起来，再加入一些以前无人做过的具有特殊感觉的小动作细节。在一套动作中可体现一个主题，动作设计、音乐、表现和服装都与主题密切联系。各种因素完善地结合在一起，使之具有独特的个性。

总的来说，创新性是竞技健美操创编的一项重要原则。高校健美操的创编一定是在准确把握了当前国内外竞技健美操发展的现状和趋势，吃透竞赛规则，并根据其竞赛的特点和学生的个性，选准创新的突破口，创编出能提高学生竞技水平的套路动作。

（五）艺术性原则

竞技健美操是以人体动作作为表现自己的物质手段，同时也以人体的动作作为表情达意的艺术，它以具体可感的形象高度显示出人的灵巧、力量、智慧，显示出人对自然的征服和支配的创造能力，同时也表现了人的思想感情和精神风貌。高校竞技健美操也应展示学生的竞技水平，实现学生之间的互相学习交流。对于校内观众来说，也可以满足其欣赏需求。

具体来说，竞技健美操的艺术性原则主要从以下几个方面得到体现。

1. 整体结构设计的艺术性

整体结构、布局的合理是竞技健美操艺术性的首先体现。首先，难度动作、创新动作、规定动作、过渡动作要合理布局，不要过多将同一性质的动作放在一起；其次，要注重动静、快慢、强弱、疏密、流动的合理搭配，尽量减少连续做同一节奏的动作；最后，动作高潮的安排要恰到好处，可安排3～4个高潮，大高潮安排在操的后半部分。整体结构的设计合理能使人产生抑扬顿挫、张弛有序、高潮迭起的美感。

2. 音乐选配的艺术性

竞技健美操音乐选配的艺术性主要体现在音乐与操的风格相一致方面。在创编过程中，音乐应选配最有特点的乐曲，使竞技健美操的动作特点得到充分体现，它不但要随着操进行变化，而且要与操的结构相吻合，体现音乐与动作浑然一体的整体艺术效应。因此，在总体构思的基础上及时地选择和确定音乐是十分必要的。

3. 队形设计的艺术性

竞技健美操队形设计的艺术性，主要是针对集体项目，尤其是集体6人项目。其队形设计的艺术性要把握以下几点：①队形设计要丰富多样，变换要自然流畅、灵活巧妙，并注重队形与动作配合的适宜性；②整套操的风格要鲜明、统一，不可将风格不同的多种艺术成分吸收在同一套操中；③动作之间的衔接应自然、巧妙。

（六）提高竞技性原则

竞技健美操作为一项竞技体育运动，最终目的是要通过比赛区分优劣，运动员则是通过比赛来检验自己训练的水平，并在比赛中取得理想的成绩。对于成套动作的创编来说，将竞技能力充分体现出来是非常重要的。

竞技性原则在竞技健美操编排中的运用主要表现在如何提高运动强度。竞技健美操强度体现着竞技健美操运动员的竞技能力，要想在比赛中取得较好的成绩，在竞技健美操编排中必须提高强度编排，从而体现运动员的竞技能力。首先，必须对动作频率、动作速度、动作幅度、耐力、抵抗重力的运动能力这几个决定竞技健美操强度的因素加以了解。

二、竞技健美操创编的依据

竞技健美操的审美构成因素包括线条、形体、色彩、声音等，虽然其本身具有一定的审美特征，但要构成整体的形式美，还有赖于按一定的法则进行组合。由于竞技健美操的美以形式美为主，因此形式美的主要构成法则亦成了竞技健美操的审美构成法则，也是进行竞技健美操编排的基础。具体来说，竞技健美操的创编应该依据审美构成法则，主要包含以下几个方面的内容。

1. 整齐一律

整齐一律是同一形式的一致重复，是最简单的形式美，在竞技健美操中运用得也最为广泛。以竞技健美操中的混合六人操为例，无论是三男三女，二男四女或四男二女健美操，其服装的颜色一般是统一的，其发型发式也是一致的一，这便属于单纯的美；其规定动作或自选动作中，许多动作都要求整齐一致，这便属于一律的美。它虽然简单，却是最基本的形式美构成法则，也是竞技健美操中多人操的动作基础。如果过分地强调整齐一律，就会显得呆板，所以在创编中必须把握其适中性。

2. 节奏韵律

节奏是指运动过程中力度变化的时序连续，在节奏基础上赋予一定情调便形成韵律。竞技健美操是在强劲的音乐伴奏下进行的，音乐的节奏和韵律必将影响动作的力度和幅度。同时，竞技健美操是由类型、方向、路线、幅度、力度、速度等不同的多种动作组成，而这些动作只有和音乐的节奏和韵律完美地统一起来，才能产生较好的审美效果。竞技健美操是一门极具艺术性的项目，在音乐和动作双重节奏的韵律法则作用下，可以增强运动员的韵律感、节奏感，提高音乐素养，从而提高认识美、鉴赏美、表现美直至创造美的能力。在进行成套动作编排时，我们必须考虑到动作与音乐节奏韵律的吻合，正确地处理好动作与音乐节奏韵律的关系。

3. 对比调和

对比调和是形式美中重要的法则。对比是差异中倾向的对立，它有助于鲜明地表现事物的特点。在竞技健美操中，对比主要可运用于色彩、形体及音乐中。就色彩对比来说，混合双人健美操中，男女运动员的服装颜色不必强求一致。如运用黑白对比、红黑对比、蓝白对比等，往往能获得出奇制胜的效果。再如混合六人操，如果是三男三女的话，则宜三男的服装颜色统一为一色，三女的服装颜色为另一色，如能形成强烈对比的话，则视觉效果可能会更好一些，因为它在统一中有变化，比较符合形式美的法则。就形体对比来说，竞技健美操男运动员的身体强壮、肌肉发达与女运动员的身材匀称、曲线秀美本身就形成了刚与柔的对比。另外在动作的编排上，除男女运动员的统一动作外，男运动员的动作可突出其阳刚与力度，女运动员的动作可突出其阴柔与协调性。再就音乐对比说，整套健美操的音乐不宜同一节奏与力度、而应有张有弛，强弱恰当。在这样的音乐伴奏下，竞技健美操动作也自然有张有弛，时而激越蹦跳，时而舒缓抒情，能给人以审美享受。调和是差异中求一致，即着重统一。在竞技健美操中，既要善用对比这一法则，更要注意调和。总之，无论在色彩、音乐、形体中都要重视这一点，如男女运动员服装颜色的调和服装与地毯颜色的调和，音乐的节奏与旋律的调和，动作与音乐的调和等。如果不掌握规律，会严重破坏事物的调和一致性，有损竞技健美操的审美价值。

4. 多样统一

多样统一是形式美法则的高级形式，也被称为和谐。“多样”能够将各个事物个性的千差万别体现出来，“统一”则体现了各个事物的共性或整体联系。多样统一使人感到既丰富，又单纯；既活泼，又有秩序。这一基本法则包含了变化以及对称、均衡、对比、调和、节奏、比例等因素，所以一般都把“多样统一”作为形式美的根本法则。概括地讲，多样统一是在变化中求统一，在参差中求整齐。而竞技健美操动作的创编，正应该根据形式美的这一根本法则来进行。竞技健美操主要是用于比赛健美操，其成功与否很大程度上取决于编排水平，其创编原则包括针对性原则、创新性原则、全面性原则和艺术性原则等；创编时应遵循多样统一的法则。竞技健美操的总体结构设计合理才能产生悦人的节奏感和张弛有序、高潮迭起的美感；竞技健美操要吸收舞蹈等艺术性项目的动作语汇却又不能舞蹈化，而要加以改造，使之成为美观大方、有力度、有特色的竞技健美操动作；整套竞技健美操的风格要鲜明，不可将风格不同的多种艺术成分吸收在同一套操中，因为它违反了多样统一这一最基本的竞技健美操的审美构成法则。

5. 均衡对称

均衡指布局上的等量不等形，对称指以轴线为中心的相等或相适应，对称能给人以稳定感、完全感和庄重感。均衡与对称是互为联系的两个方面，均衡包括对称因素，但比对称灵活，允许左右形态有所不同，其审美效果是整齐与活泼的结合。在混合双人操和三人操中，均衡应用得较多，而在混合六人操中，则对称动作应用较多，这样能使整个队形对称整齐，整体壮观，达到较好的视觉效果。在编排中，我们可以很好地运用这一审美构成法则。

三、竞技健美操创编的基本方法

（一）基本组合法

基本组合法是指按照竞技健美操动作编排原则和方法，将两个或两个以上独立的技术动作通过巧妙的结合或重组，形成新的技术动作或成套组合动作。竞技健美操的动作组合既可以是同一类型动作变化为多个不同特色风格的动作，也可以是不同类型多个单独动作进行适当重组，最后完成成套动作的编排。

（二）录像分析法

参看你要参加级别或高一层次级别的比赛录像，从竞赛套路中吸取其精华，从而为自己成套动作的编排起到一定的启发作用，一般在观看录像比赛套路时，要对以下几个方面的内容加以注意。

1. 成套结构

所谓参看成套结构是指在参看比赛套路时主要参看成套动作与音乐结构的关系，即音乐段落与动作段落、音乐情绪与成套情绪以及音乐高潮与动作高潮是否能有机结合。

2. 难度分配

所谓参看难度分配是指在参看比赛套路时主要参看成套动作中难度动作的分配规律。首先，是难度分值的分配；其次，是难度动作组别动作的选择；最后，要观看难度动作在成套动作中的位置。

3. 基本操化动作的连接

所谓参看基本操化动作的连接是在参看比赛套路时，主要参看成套动作中基本操化动作的连接编排，参看一个动作的结束是否为另一个动作的开始，参看他们是如何编排的。

4. 过渡与连接动作的编排

所谓参看过渡与连接动作的编排是在参看比赛套路时主要参看过渡与连接

动作的选择，新颖的过渡与连接动作会给人留下深、刻的印象，同时烘托成套动作的主题表现，通过参看过渡与连接动作的编排将会给人以提示和启发使之运用于自己成套动作的创编。

5. 托举与配合的创意

所谓参看托举与配合的创意是在参看比赛套路时主要参看成套动作中过渡与连接的特点。参看他如何更好地体现音乐的主题，成套动作中托举与配合动作是最能体现成套构思、音乐主题的关键，因此托举与配合动作的创意参看对成套动作的创编有非常重要的启发作用。

（三）多向思维法

善于从多角度、多层面去思考问题，由于创造性思维需要产生不同寻常的思维结果，因此它要求人们从单向思维转向多向思维，在逆向、侧向、发散等思维辐射和转移中寻找出各种具有独创的新设想，对多向思维能力的培养，应注意对某一问题的思考要从全局出发，提出多种思路，当思维在某一处受阻时，应善于及时变换思维走向，当久思不得其解时，可引导注意力转向其他领域，寻求新的启示，当运用通常的方法解决不了问题时，可考虑交换事物的条件、目标等因素，从不同的途径去解决问题。

（四）联想创新法

善于从对一个事物的思维，联想到另一个事物或几个事物的思维。从本质上来说，创造性思维主要是发现原来以为没有联系的两个或几个事物之间的联系。因此，联想，思维可为创造性思维起到积极的引导和铺垫作用。知识和经验越丰富，联想的广度和深度越大，也越容易产生意想不到的创新结果，如联想能与边缘学科的知识有机结合，将会产生更高价值的新思维。联想创新需要灵感，灵感思维是指突如其来的对事物的本质或规律的顿悟与理解，使问题得到解决的瞬间思维形式。捕捉灵感的能力是指具有将瞬间即逝的灵感思维紧紧抓住，并加工成创新设想的能力。它是通过紧张深入思考的探索之后产生的思维成果，具有突发性和瞬时性特征。灵感思维的出现人们往往没有心理准备，很容易稍纵即逝。所以，及时记录下灵感思维的内容，保持思维热线并适时向纵深扩大思维成果。灵感的产生与艰苦积极的思维活动，丰富的知识经验等因素有关。

（五）三维动画辅助法

用电脑三维动画技术，能够对教练员创编竞技健美操高质量难新动作、运动员加快完成目标动作的定型过程起到一定的辅助作用，对创编动作在训练中和比赛中出现的问题进行及时的目标反馈、重构和完善，减少运动员在创编动作探索阶段中不必要的损伤。

通过电脑三维动画技术的运用，能够将一个标准的竞技健美操运动员动态模型建立起来，用来虚拟创编动作，进行试探、分析、评价、反馈、修改和确定等工作，可以减少创编环节中负面的人为因素的影响，使创编效率和质量进一步提高。运用电脑三维动画技术辅助创编竞技健美操动作能为今后竞技健美操的创编开拓一个新的思路。

第五章 健美操有效教学

第一节 有效教学概述

一、有效教学的概念

（一）有效教学的国外观点

二十世纪，“有效教学”这一概念被西方学者首次提出，经过不断的发展和演变，这一概念越来越受到重视。相关的教育学者、专家等各抒己见，将自己对“有效教学”的理解和观点提了出来。通过不断的归纳总结，可以将这些不同的观点大致归纳为几个不同的取向。

1. 目标取向

目标取向的有效教学，重点对预期的教学目标的达成加以强调。从另一个角度上来说，就是是否达到了既定的教学目标是判断有效教学的主要标准。

2. 技能取向

技能取向的有效教学，则主要从两个方面得到体现：第一，有效教学这项工作具有两个特点，即复杂的智力要求和社会性挑战；第二，有效教学的完成是必须依靠复杂的教学技能才能实现的。技能取向下有效教学的定义对教学技能的有效性和可靠性进行了重点强调。

3. 成就取向

成就取向的有效教学则认为，有效教学是一种能够使学生学习成绩得以有效提升的教学形式。这种取向对学生学习成绩的获得是比较有利的。

（二）有效教学的国内观点

我国教育学者也对有效教学进行了剖析和理解，通常可以将这些观点大致归纳为以下几个方面：

第一，通过借用经济学上效果、效率和效益的概念来对有效教学加以剖析和理解。可以将有效教学理解为教学有效性，具体可以从三个方面着手来进行深入理解：第一，有效果；第二，有效率；第三，有效益。

第二，以“有效”和“教学”两个概念为出发点，来对有效教学加以理解。与教学过程的基本特点与规律相符，是有效教学必须具备的一个重要前提。由此可以对有效教学更深层次的理解：有效教学是教师通过教学过程有效性，将学生学习的兴趣充分激发出来，从而更好地达到预期教学效果的教学。

第三，以学生发展为取向方面来对有效教学加以理解。这种概念对学生学习结果的实现是非常重视的。比如，这方面存在着一个典型的概念，即凡是能够促进学生的发展、能取得良好成绩的教学手段都可以采用，都属于有效教学的范畴。

通过对国内外专家学者关于有效教学的理解和观点的对比可以发现，国外学者对教学行为实现的效果较为关注，而国内学者则对教学效率、教学效果更加重视。将这些专家学者的观点综合起来，可以将有效教学概念界定必须满足的两个基本条件归纳出来：一个是必须与教学的特点与规律相符；一个是必须有效果、有效率、有效益。

由此，可以将有效教学的概念界定为：有效教学是教师在遵循基本教学规律的前提下，在一定措施与手段的辅助下，能实现既定目标、效果和效益的教学方式。

二、有效教学的基本条件

从有效教学的概念中可以得知，其必须与基本教学规律相符，同时，还要有效果、有效率、有效益，除了这两个基本的前提之外，还需要具备一定的基本条件。只有满足了这些前提条件，有效教学才能实现。

（一）语言能力

教学本身就是一门语言艺术，由此可以将有效教学理解为教师有效传达知识信息、灵活驾驭教学语言的一种艺术形式。通常，可以将教师的语言表达能力分为三种类型，即口头语言表达能力、肢体语言表达能力与书面语言表达能力。这里主要对前两种语言表达能力加以分析。

教师的口头语言表达能力是教师借助口头语言来对教学内容进行阐述，将其思想感情表达出来的能力。娴熟的口语表达能力是教师开展有效教学必须具备的一个重要素质。一般的，通过口头语言表达，能够较好地将知识传授给学生，将学生的学习兴趣和积极性有效激发出来，同时，还能使学生的思考能力有效启发出来。需要强调的是，教师在有效教学中采用的口头教学语言应具有教育性、科学性、严谨性、启发性、审美性和激励性等显著特点。

肢体语言在有效教学中是教师经常用到的辅助手段，它能够使口头语言表达得到有效的辅助，从而使教师的语言表达效果得到优化，教师教学活动的感染力和创造力也得到有效提高。从实践中证明，大部分人通过“看”得到的印象要比“听”得到的印象更深，因此，对于有些内容，大多数人看的比听的印象更深，所以恰当利用肢体语言的教师能够将自己所要讲述的内容更加准确地传授给学生，从而使教学效能得到保证。

（二）教育背景

对于教师来说，教育背景也是必须具备的重要条件之一。一般来说，教师的教学活动的发生都是在教育背景的基础上进行的，只有具有一定的教育背景，教师才能够对学生有更好的认识和理解，才能使有效教学的开展效果更加理想。

狭义上的教育背景，主要是指人所接受的各级各类学校教育的总和。具体来说，人接受各级各类学校教育的经历及其所达到的学术水平，学历、学位都属于教育背景的范畴。从教师自身的角度上来说，教育背景是他所拥有的各种知识、经验、体验构成的综合体，它常常以隐性知识的形态存在于教师的身上。从某种意义上来说，教育背景就好比是教师拥有的“知识库”“经验库”，它时时刻刻通过有形或者无形的方式来对教师认知、解释与判断外界教育事物、教育现象产生重要的决定性影响，同时，也会对教师的教学决策、教学行为与教学思路等产生潜移默化的影响。

一般而言，教师的教育经历、教育体验、教育知识越丰富，尤其是他在教育教学工作岗位上的工作时间越长，教育视野越开阔，他的教育背景对有效教学活动的开展就会越有利。

（三）实践经验

一般的，教师每经历一个教育场景、教育事件，就会有相应的教育实践经验产生。可以说，教育经验是生活实践对教师身心产生的有形无形、点点滴滴教育影响的沉淀。

教师实践经验的类型是多种多样的。比如，以内容为依据，有技能性教育经验与体验性教育经验之分；以来源为依据，有叙事性教育经验与反思性教育经验之分；以性质为依据，有消极的保护性教育经验和积极的建设性教育经验之分等。

实践经验的形成，能够使教师教育行动的效率与效能都得到大幅度提升。教育实践经验具有实用高效、简单易行的特点。一般来说，新手教师要想进行有效教学的课程，相对来说难度较大，而对于实践经验丰富的特级教师、专家教师而言，则显得非常容易。究其原因，主要是由于他们身上积累了大量的教育实践经验。

三、有效教学的基本特征

（一）将教学效果与效率的优劣作为教学行为好坏的评判标准

在教学过程中，教师教学行为的好坏，只靠教学行为本身的状态是无法得到客观、正确的评判的，真正起到决定性作用的是它所实现的教学效果和效率的优劣。可以说，这是区分有效教学与无效教学或低效教学最为重要的因素。按照此标准，符合以下条件的教学行为就是有效教学：某种教学行为实现了预期的教学效果，实现了既定的教学任务与目标，并且取得了较高的教学效率；无效的教学行为是看上去可行、科学的教学手段没有取得良好的教学效果和效率，是需要进行适当调整和更正的。

（二）将学生学习和发展效果及效率作为教学效果及效率的评判标准

以学生学习的效果及效率为标准来评判教学的效果及效率，是有效教学的一个重要特征。在教学过程中，学生是教学活动的主体，教学作用于学生，其教学的效果和效率最终要通过学生来体现。因此，学生学习的效果和效率是评判教学的效果和效率的最直接和根本的指标，是决定某种教学行为是否为有效教学的重要因素。

（三）有效教学是对教学总体质量或水平进行描述的概念

在教学过程中，有效教学是对教学总体质量或水平进行描述的概念，也是有效教学的一个重要特征。在教学过程中，有效教学不是对教学的某个要素进行分析，而是对教学活动或过程进行分析；它不是针对教学过程的某一个特征进行描述，而是对教学总体状态进行描述；它不是一种具体的教学策略，而是一种总体的教学理念。因此，有效教学主要是对如何将教学过程中的种种影响因素进行合理匹配，然后进行科学、有效设计来加以探讨，从而使获得的教学效果能够达到理想水平。

第二节 健美操有效教学的学科理论基础

一、健美操有效教学的生理学基础

（一）健美操有效教学与物质代谢

在健美操有效教学过程中，学生是处于重要的主体地位的。在从事健美操活动的过程中，自然界的能量、外部供给的能量都是无法被学生的身体直接利用的，是需要通过糖、脂肪、蛋白质、维生素、无机盐、水方面提供的。

物质代谢在每个人的生命活动中都有着不可替代的重要作用，其中，最主要的有糖代谢、脂肪代谢、水盐代谢、蛋白质代谢。物质代谢的整个过程由两个方面构成，一个是合成代谢，一个是分解代谢，它们之间相互联系，不可或缺。

对于参与健美操有效教学的学生来说，其所摄入体内的糖、脂肪、蛋白质等营养素经过一系列的代谢过程后，一部分构筑成为人体的基本组成成分和相应的组织，另一部分则经过分解代谢后将化学能释放出来，这些化学能量经过转化成为学生在健美操教学中从事相关活动所需的能源。

（二）健美操有效教学与能量代谢

在人体活动过程中，能量代谢是与物质代谢两者的关系是非常密切且不可分割的。通过能量代谢，能够使学生体内吸收的糖、脂肪、蛋白质等能量物质能够将化学能充分释放出来，从而为学生在健美操教学活动中加以利用。

在健美操有效教学中，学生会做健美操的一些相关动作，身体活动的量就会比较大，而且能量消耗在不断增加，增加幅度主要取决于健美操运动强度、持续时间以及学生的水平和对动作的掌握程度等几个因素。在健美操活动中，学生自身所需要的能量来源主要为贮存在细胞中的直接能源——三磷酸腺苷。在运动过程中，在三磷酸腺苷酶的催化下，三磷酸腺苷迅速分解为二磷酸腺苷（ADP）和无机磷（PI），同时将能量释放出来，此时肌肉会因为受到牵动作用而滑动，肌纤维就会表现出一定的运动状态，此时做功便完成了。

研究发现，人体肌肉中贮存的三磷酸腺苷的量比较少，一次性使肌肉持久活动的需求很难得到满足，因此，就只能够边分解边合成。三磷酸腺苷的合成速度很快，一被分解就会立即再合成。一般的，三磷酸腺苷在合成所需的能量主要从磷酸肌酸分解放能；糖原酵解生能；糖、脂肪、蛋白质氧化生能三个方面中来。可以说，细胞中三磷酸腺苷提供能量的作用能否顺利实现，决定性因素并不是三磷酸腺苷在肌肉中的贮存量，而是其能否在短时间内迅速合成。

（三）健美操有效教学的生理价值体现

健美操运动及其有效教学的生理价值在心血管系统、呼吸系统、神经系统以及运动系统等方面上都有所体现。

1. 健美操有效教学在心血管系统方面的价值体现

生命之所以能够得到有效维持，与人体自身的血液循环和与外界的物质交换这一基础条件是有着不可分割的密切联系的，一旦血液不再循环，人的生命就结束了。

具体来说，健美操有效教学对人体心血管系统的有利影响主要体现在两个方面：一个是能够使学生血液循环的质量可得到提升；另一个是能有效改善学生的心肺功能。

2. 健美操有效教学在呼吸系统方面的价值体现

呼吸，实际上就是机体和外界环境之间的吐故纳新，也可以将其看作是人体内部气体变换的过程。呼吸对于人体的生命活动是不可或缺的。人体呼吸系统机能的提升有助于生命的延续。

通过健美操有效教学，能够使学生呼吸系统的机能水平得到有效提高，同时还能对学生呼吸器官结构的改变起到积极的促进作用。

3. 健美操有效教学在运动系统方面的价值体现

骨骼、肌肉、关节、韧带等组织都是人体运动系统的重要构成因素。人体从事体育活动，都是依靠运动系统才能够实现的，这对于健美操有效教学也是如此。通过健美操有效教学，能够对学生关节柔韧性和灵活性的提高与增强、结构机能的优化以及骨结构的强化和骨性能的提高都起到积极的促进作用。

4. 健美操有效教学对神经系统的影响

神经系统在人体中有着非常重要的作用和功能，是人体器官有效活动的主要调节器。通过健美操有效教学，能够对学生神经系统反应能力和灵活性的提高、大脑皮层神经细胞的耐受性的增强以及环境适应能力、免疫能力的提高都起到积极的促进作用。

二、健美操有效教学的心理学基础

（一）健美操有效教学与情感

1. 健美操有效教学与情绪

人的情绪有心境、激情和应激三个方面。其中，心境是具有感染的、比较微弱而持久的情绪状态，这是健美操有效教学中需要具备的重要条件。激情是迅速的、猛烈的、爆发的、短时的情绪状态。学生在健美操有效教学过程时，在饱有激情的情况下，能够将自身的状态和水平充分表现出来，教学效果非常好。应激是出乎意料的紧张情况所引起的情绪状态。在经常性的健美操有效教学中，学生就能在应激的状态下，进行非常迅速地反应。

2. 健美操有效教学与焦虑和抑郁

焦虑与抑郁是对人们产生困扰的两种最常见的情绪。国内外的相关研究发现，运动锻炼能够使焦虑和抑郁得到有效改善。需要注意的是，运动锻炼对焦虑进行改善的条件为：运动活动量必须长于20分钟，渐进性放松练习同锻炼一样可以有效地降低状态焦虑（波动的、暂时的焦虑状态），长期的和一次性的有氧练习，必须坚持10周以上。而对抑郁产生积极影响的与焦虑基本是同步的，只有一点不同，即无氧运动有助于抑郁的改善。鉴于此，有氧健美操练习是最佳的选择，这样能够在有效改善学生整体的情绪状态的同时，也能对学生的心态进行全方位地调整。

3. 健美操运动对心理状况的影响

研究发现，心理紧张、压抑和烦恼的生活方式往往会导致人们某些疾病的产生。比如，心脏病、紧张性头痛等。由此可以看出，人的情绪和精神状态对人的健康影响非常大。最有助于健康的力量，就是良好的情绪力量。

研究发现，有氧运动对于学生在考试期间的忧虑情绪有积极的改善作用。而健美操运动作为一项有氧运动，对人的情绪产生积极的影响。通过健美操有效教学，能够使学生的自信心增强，意志力能加顽强，并且达到培养自身自尊、自立、自强等精神的目的。

（二）健美操有效教学与意志

坚强的意志品质具有显著的自觉性、坚持性、果断性等显著特点。

1. 健美操有效教学与自觉性特点

意志的自觉性是对行动目的有明确而深刻的认识，并使自己的行动符合于行动目的。自觉这种品质能够将一个人的信念和世界观反映出来，它在意志行动的始终都有所贯穿，是坚强意志的重要来源。

经常进行健美操有效教学，能够使学生关节的灵活性提高，肌肉的力量增强、体积大，韧带、肌腱等结缔组织富有弹性。同时，还能对学生身体增高、骨质更为致密、结实，心血管系统机能提高起到积极的促进作用。除此之外，使心肌纤维增粗、心肌收缩力增强，心输出量增加，提高供血能力；向脑细胞供氧、供能，提高大脑思维能力也是健美操有效教学的积极影响。学生在健美操有效教学中能够使身体受益，从而导致良性循环、自觉行为产生。

2. 健美操有效教学与坚持性特点

意志的坚持性是善于控制或支配自身的行动。坚持性这种品质的特征是在行动过程中，对任何挫折和困难都不惧怕，能够始终保持充沛的精力和坚韧的毅力，经过不懈的努力和坚持，最终实现既定的行动目的。

通过健美操有效教学，能使学生的精神面貌有所转变，情操也会得到陶冶。除此之外，健美操中适宜的音乐是其灵魂所在，对课堂气氛的营造有着积极作用，能够使学生在欢乐的气氛中保持愉快的心情，这对于其紧张情绪的改善也是非常有利的。在健美操的有效教学过程中，学生的心灵和情操能够得到陶冶和净化、身体得到全面协调发展，并能体会到娱乐消遣的快乐，切实改善了学生的精神面貌和气质修养。除此之外，对学生群体意识的培养与提升也是有所助益的。

3. 健美操有效教学与果断性特点

意志的果断性，是指能做到善于明辨是非，并迅速而合理地作决定并加以执行。果断性本身是以自觉性为前提的，其有着深思熟虑和当机立断的显著特征，在某种程度上与思维的敏捷性有着密切的关系。

通过健美操有效教学，能使学生的形体得到有效塑造，使其保持健美的姿态，同时还能对其体态加以培养，保持端庄的状态。此外，通过正确形体动作经常性的学习和锻炼，能有效纠正学生的不良姿势，使其能始终保持良好的体态，不管是在形态上还是举止方面，都趋向积极的方面，这对于其身体素质的提升和内在素养的培养都是有所助益的。通过健美操的学习，能强化学生的动作记忆和再现能力，有效提升神经系统的灵活性、均衡性，由此，学生的协调能力便得到了发展，同时还能使学生迅速采取行动，培养意志的果断性。

第三节　健美操有效教学的原则与方法

一、健美操有效教学的原则

（一）安全性原则

健美操动作内容丰富、种类繁多，一些具有较高难度的健美操动作对学生的身体素质有着较高的要求，如果练习不当很容易造成运动损伤，因此，在健美操有效教学的过程中，要求教师遵循“以学生为本”的安全性原则，对学生学习的安全性予以高度重视，从而使各种伤害事故的发生得到有效避免。具体来说，可以从以下几个方面着手：①课堂安全教育工作要进一步加强，使学生的安全意识和自我保护能力都得到有效增强；②加强课堂组织纪律，从而使学生运动不当的行为得到避免；③合理组织教学，健美操有效教学要循序渐进地进行，运动负荷也要与学生运动水平相符；④重视学生身体素质的发展，使学生的身体素质水平有效提升；⑤场地器械的安全检查工作要有效做好。

（二）全面发展原则

健美操中的动作是多种多样的，因此，不同的动作对学生的身体素质的要求也是不同的。因此，这就要求教师在教学过程中要在教学内容方面进行合理安排，从而促使学生得到全面的发展。具体来说，应该从以下几个方面着手进行：①在健美操有效教学过程中，要对不同教材进行均衡搭配，使学生能够对各类动作技术有全方位的学习和掌握；②在对健美操教学内容进行安排时，要求在突出教学重点的同时，还要有效锻炼学生身体素质，全面提升其体质水平；③在进行健美操有效教学考核时，要求考核项目和内容的选择要能够使学生的身体得到全面的发展，并且要对学生各种身体素质、身体机能、动作技术的提高加以重视。

（三）素质先导性原则

健美操运动对学生的身体素质有着较高的要求，并且在力量、柔韧、协调性等方面都有所涉及。相较于其他运动项目来说，健美操有些动作的完成是需要借助超常规的身体姿势的，这就对人体的柔韧性要求较高，如果参与者的柔韧性不好，那么就会对健美操动作的幅度和动作的顺利完成产生影响，甚至还会造成运动损伤的发生。因此，在健美操有些教学过程中，就要求教师严格遵循素质先导原则，对学生身体素质的训练与发展加以重视。

在健美操有效教学过程中贯彻和实施素质先导性原则，就要求教师要以学生身体素质发展的规律为主要依据，对学生的身体素质练习进行合理安排，有针对性地发展学生的各种身体素质，为学生健美操技术的发展和提高打下基础。

（四）直观与思维相结合原则

在健美操有效教学过程中，直观性在很多方面都有所体现，比如，教师通过动作示范、模型演示、图解、图像等方式将动作过程显示出来，让学生对动作外部的运动学特征加以了解。思维活动在一些方面也有所体现。比如，学生通过视觉器官感知教师所传递的信息，然后将这些信息传递给大脑，大脑通过加工整理后形成动作表象。将直观与思维有机结合起来，能够使学生对所学动作的不断重复和对掌握的技术细节的不断改进，从而最终使学生动作技术的自动化得以实现。

在健美操有效教学过程中贯彻和实施直观与思维相结合的原则需要做到以下几个方面的要求：①教师通过生动形象的动作示范来让学生对动作的表象有不同角度的感知。要求示范动作必须做得准确、优美、规范、富于表现力。②教师通过生动形象的讲解来对学生的思维活动进行启发；③教师通过助力与阻力的运用来使学生对动作进行感知，使学生在动作的学习过程中，明确目标，保持清醒的头脑，然后按照正确的要领完成和掌握所学动作。

（五）巩固与提高相结合原则

在健美操有效教学过程中，教师要以学生的实际情况为依据来对相应的练习内容、手段和方法进行选择，从而使学生牢固而深刻地掌握教材内容，并能在记忆中再现，以使学生学习新知识和运用新知识的需求得到有效满足，使学生学习健美操的能力得到有效提高。

从本质上来说，巩固与提高原则与学生的认知规律是相符的，是由学生的学习是一个循序渐进的发展过程这一客观事实所决定的。在高校健美操教学中，遵循巩固与提高相结合的原则，需要从以下两个方面着手：①在健美操有效教学中，教师要对教学内容的合理选择加以重视，以此来将学生学习的主动性和积极性充分调动起来，从而使健美操有效教学的知识、能力、觉悟的三者统一得以顺利实现；②在健美操有效教学过程中，教师所采用的教学方法必须是多种多样且具有一定灵活性的，这样才能够为学生掌握健美操知识和提高健美操运动技能创造条件，使学生不断巩固所学、提高认知。

二、健美操有效教学的方法

（一）一般教学方法

1. 讲解法与示范法

讲解法，就是在有效教学过程中，教师通过语言表述向学生说明教学任务、动作名称、作用、要领、做法及要求等基本知识与要点，以指导学生顺利参与教学活动的方法。在健美操有效教学中运用讲解法，需要在讲解的目的性、内容的准确性与简练性、顺序、时机和效果方面加以注意。

示范法，就是在教学过程中，教师自身完成动作，将此作为动作范例，从而指导学生学习的方法。在健美操有效教学中运用示范法，需要教师明确示范目的；规范示范动作，进行高质量的示范；示范要便于学生观察；综合示范与讲解的方法。

需要强调的是，在健美操有效教学过程中，只有将示范与讲解两种方法有机结合起来，才能取得最佳的教学效果。一般的，教师往往会在示范后进行讲解，或者边示范动作边讲解。

2. 动作教学法

在健美操运动中，与动作相关的有速度、幅度、力度等几个方面，因此，可以将其细分为相应的三种教学方法。

（1）动作速度教学方法

动作速度，实际上就是人体或人体某一部分快速完成动作的能力。在健美操运动中，练习者的动作速度主要取决于动作节奏和音乐节拍的配合、练习者自身关节和肌肉的反应速度。一般的，可以通过快速踢腿以及器械的重量练习来达到有效提高动作速度的目的。

（2）动作幅度教学方法

动作幅度，实际上就是在动作规定的条件下肢体的活动范围。在健美操运动中，动作幅度大，则给人一种舒展、大方及美观的感觉，同时，大幅度的动作对机体产生的锻炼价值更明显。在健美操有效教学中，动作幅度的训练和提高主要通过放松心态、增强自信、发展柔韧素质、重复练习几个途径得来。

（3）动作力度教学方法

不管是学生肌肉快速用力，还是其动作变化的速度和动作熟练程度，其都需要通过一定的形式将其从外在表现出来，这就是所谓的动作力度。在健美操中，通过“制动”能够将动作力度表现出来。肢体到达某一位置后克服重力、惯性并及时停止就成为“制动”的关键。健美操“力”的特征在制动过程中具有突出的体现。一般来说，学生主要通过间接帮助法、直接帮助法两种方法来达到有效提高动作力度的效果。

需要强调的是，动作速度会在一定程度上影响到动作幅度。因此，这就要求在健美操有效教学过程中，需要在动作速度的练习方面进一步加强。

3. 记忆法

记忆法，实际上就是为了使学生尽快地掌握学习内容、熟记动作而采用的教学方法。念动法、观察模仿法、简图强化法等都是健美操有效教学中常见的记忆法。

在健美操有效教学过程中运用记忆法，为了达到理想的教学效果，需要对以下两个方面加以注意：①记忆法在学生掌握动作的泛化阶段是较为适用的，因为该阶段的主要教学任务就是使学生记忆动作；②在健美操有效教学过程中运用记忆法，要求教师要对学生探索加快动作记忆的捷径进行积极指导，使学生对动作名称的记忆得以简化，比如，一伸二转三踢腿等对于学生记忆动作的速度的提高是极为有利的。

4. 激情法

激情法，实际上就是教师运用直观的教学手段对学生的学习情绪进行激发的一种教学方法。在健美操教学过程中，所用到的激情法的形式主要有两种，即乐曲激情法和健美激情法。这两种激情法的具体作用是不同的，具体要根据教学过程中的实际需要针对性地选择和运用。

在健美操有效教学过程中运用激情法时，需要注意以下两个方面的事项：①教师首先要对时代特征及学生年龄、心理特点进行充分了解和考量，在此基础上来选择适合的音乐，从而使所选音乐能够将学生的学习情绪有效激发出来；②教师的动作示范要富有感染力，将健美操的动作特点和音乐风格表现出来，进行富有魅力的表演，从而对学生的学习和表现欲望进行有效激发。

5. 串联教学法

串联教学法，实际上就是将所教的内容分为若干串，每一串为4×8拍，首先对第一串动作进行教学。具体方法是，先教第一个8拍，学生熟练掌握后再教第二个8拍，然后将前两个8拍连起来使学生反复练习，学生熟练前两个8拍的连接后，再教第三个8拍动作，待学生掌握后教第四个8拍。然后将后两个8拍动作连起来使学生进行反复的练习。最后再完整串联这四个8拍使学生反复进行练习，直至将所有的教学内容串联起来的教学方法。

在健美操有效教学过程中运用串联教学法，需要对以下几个方面的要求加以注意：①在教学课的整个过程中，都要使学生的身体始终处在“动”的状态中得到保证，否则会影响教学效果；②在选择音乐时，往往以连奏或剪接成连奏为最佳，因为这样能够保证练习的流畅、顺通；③教师在备课时，要注意从学生的实际情况和需要出发，并以此为依据选编组合好每一串技术动作，尽可能地使每一串动作的内容类型都富于变化且较为新颖，从而将学生的兴趣与积极性充分调动起来。

6. 协调教学法

协调教学法，实际上就是重复采用同一种下肢练习，配合身体不同部位动作而组成的练习方法。这种教学方法往往适用于初学健美操的学生，能够使动作的不协调得到有效避免，因此不会对学生学习兴趣与自信心产生不利影响。

在健美操有效教学过程中运用协调教学法，需要对以下两个方面加以注意：①教师要以学生的实际情况与需要来对动作的次数及内容进行安排与协调。协调动作安排过多或过少都不可取；②初学健美操的学生动作逐渐协调并能适应较难的练习后，可对练习内容进行重新安排，增加串联法，从而使练习效果得到强化。

（二）新型教学方法

1. 连接法

在体育运动中，遵照一定的顺序将单个动作连接并发展成组合的方法，就是所谓的连接法。将连接法应用于健美操有效教学过程中，能够将一些基本动作组合成为套路动作。但是需要注意的是，动作连接不可过长，否则学生连贯记忆的形成就无法得到保证。

2. 递加法

递加法，就是对一个新的单一动作或组合动作进行学习后，再与前面动作或组合连接起来进行练习的方法。在健美操有效教学中采用递加法时，一定要注意加入的动作要适宜，不能太多，否则会使学生产生记忆压力，这对学生回忆前面所学动作是不利的。一般的，一个组合以4个8拍为宜，每个组合控制4～8个动作。向学生传授一个动作或组合后，要及时与前面所学的动作或组合结合起来进行综合练习。

3. 金字塔法

在健美操有效教学中，递增或递减单个动作次数的方法即为金字塔法，其有正金字塔和倒金字塔之分。其中，在健美操有效教学中运用前者，能够使学生集中注意力进行动作技术、身体姿态的训练，并逐渐适应大的练习强度；采用后者，则能够使组合动作的复杂度逐步增加，从而对学生产生新异刺激，对学生学习兴趣的提高起到积极的促进作用。

4. 线性渐进法

线性渐进法，就是排列单个动作顺序时，动作之间只改变一个因素，不能形成组合或套路动作的最简单的自由式的教学方法。这一教学方法对于单个动作的教学是较为适用的。需要强调的是，在具体的教学过程中，教师需要将多样化的动作加入进来，同时，每次的动作变化幅度不宜太大，动作间的过渡必须流畅、有效，并充分重视动作的预先提示和均衡性。

5. 过渡动作法

过渡动作法，就是借助一个或者一段简单的过渡动作来使组合与组合之间连接起来，在学生学会该组合动作之后，将过渡动作再去掉的教学方法。通常可以将这一方法分为两种：一种是过渡保持法；一种是过渡动作去除法。需要注意的是，在健美操有效教学过程中，采用的过渡动作不能太多，否则会使学生感到疲劳和乏味。

6. 分解变化法

健美操运动中，教师将复杂的动作分解为最原始的动作形式来进行教学，然后逐渐增加变化，使原有的组合中每次按顺序只改变一个动作，最终过渡到另一个动作组合的方法就是分解变化法。

在健美操有效教学过程中采用分解变化方法，学生能跟上动作，同时也能对动作的原始形式进行有效辨认，然后练习的动作也由易到难，逐步将变化因素加入其中反复进行练习。待学生对练习的动作加以熟悉之后，再加入新的变化因素进行练习。逐步实施变化，每加入一个变化因素，都必须对这个动作组合进行重复练习，以此类推，由此来使学生从掌握简单的组合向掌握新的或复杂的动作组合进行顺利过渡。

第四节 健美操教学课的有效组织与实施

一、健美操教学课的有效组织

健美操教学课的组织工作的主要目的是完成课程任务，其组织工作是否严密、合理会对教学的效果产生直接影响。健美操课的组织工作内容主要有课堂常规、练习队形、组织形式等几个方面。

（一）健美操课堂常规及教学要求

保证健美操教学的正常进行，是课堂常规的主要作用所在。可以说，课堂常规是对师生提出的一系列要求和必须遵守的规章制度。制定课堂常规在体育教学中有着非常重要的意义，这在正常教学秩序的建立、教学组织的严谨等方面都有所体现，除此之外，其对加强学生的思想教育、培养文明素质的作用也是非常显著的。通常情况下，健美操教学课的课堂常规内容主要有以下几个方面。

第一，教师要做好课前的准备工作。

第二，上课时，用几分钟来对学生讲明本次课的主要内容、特点和目的，使学生做到心中有数。

第三，学生或体育委员要将因病、伤以及女生例假不能正常上课等情况及时向教师说明，教师则要根据实际情况来适当调整或重新安排他们的学习。

第四，学生上课时着装要注意，穿运动服、运动鞋和运动袜，有碍运动的物品尽量不带。

第五，学生按照教师的要求拿放器材，要做到井然有序，爱护器材设备。

第六，教学内容是按照教学目标和大纲制定的，不能随意加以更改。

第七，加强安全教育与措施，做好准备活动与整理练习。

第八，教学课结束时，进行小结和讲评，并且提出新的希望和要求，布置课后的练习任务。

第九，教学课结束后，教师要注意与学生进行交流，及时了解他们对课的感受和要求，并依照学生的反馈信息。及时总结和调整，为下一次教学活动奠定基础。

（二）练习队形及组织形式

1. 合理有效的练习队形

合理组织练习的队形，能够有效保证练习的顺利进行。科学而熟练地运用队形，能够活跃课堂气氛，调动学生学习积极性，并能合理地调节课的密度和运动负荷。组织合理有效的队形需要做到以下几个方面的要求。

（1）按照相应的条件将队形确定下来

同时，在确定练习队形时，要按照人数的多少、场地的大小等具体情况为依据进行。

（2）便于观摩与指挥

选择队形时，要满足两个条件：一个是使学生看清教师的示范动作较为便利，一个是对教师的观察和指挥有利。

（3）间隔距离要适宜

为不妨碍完成动作，练习的间隔与距离的标准是可以适当而定。通常，徒手练习时以左右为两臂间隔，前后为两步距离为宜；在进行器械练习时，可根据器械特点和练习方式适当增加范围。

2. 组织形式

以练习的内容及任务为依据，通常可以将健美操教学课的组织形式分为两种：集体练习和分组练习。

二、健美操教学课的有效实施

对于健美操教学课的实施来说，其所包含的流程和内容主要有以下几个方面。

（一）课前交流

介绍课程是课前交流的主要任务。在健美操教学课开始时，教师首先要花几分钟时间向学生讲明本次课的主要内容、特点和目的，使学生心中有数。如果本次课是第一次课，或者都是新学生，那么首先应进行自我介绍，然后再和学生互相认识。

（二）练习队形与示范位置

在确定练习的队形时，要遵循的重要依据就是学生人数和场地情况。学生之间的间隔和距离要适宜，每人应有大约 2 米的空间，左右以学生两臂侧举不相碰，前后应适当插空排列为准，这样能保证学生的活动空间是足够的，同时还能有效观察健美操教师的示范动作和面部表情，能使教学效果有所保证。使全体学生都能看到，以便指挥和观察，是示范位置选择的第一决定性要素。

（三）练习形式

健美操教学课采用的练习形式主要为集体练习。究其原因，主要是由于有氧练习要求中低强度，长时间的运动。在课的进行过程中最主要的要求是保持学生的心率在一定时间内不下降，使之稳定在最佳心率范围内。

通常情况下，又可以将集体练习分为集体同时练习和集体分组练习这两种。其中，集体同时练习的优势在于所有学生能够一起做同样的动作，这样比较简单且便于教师指挥，容易达到练习的强度和密度要求；但也不能忽视其不足之处，即形式单一容易使学生感到枯燥。一般的，集体分组练习要将学员分成若干个组，同时或依次做不同的动作。在健美操教学中使用集体分组练习，能有效加强学生之间的配合与联系，增加练习的乐趣，同时还能使教师的主要工作逐渐转变为课堂的组织。

（四）观察与调整

通常，在教学课之前，教师都会做好教案、设计好练习动作等准备工作，但是在课的进行过程中，会有不可预期的事情发生，这就需要教师通过对学生的练习情况进行随时的观察，并根据实际情况来对动作的难度以及教法等加以适当调整。

（五）激励

对于健美操教师来说，其一定要具有采用多种方法及时对学生进行激励的意识与能力。激励在一堂课中应是贯彻始终的。

（六）课后交流与总结

1. 交流与反馈

课后有效的交流环节，能够为学生提供本堂课程效果的客观反馈。在课结束后，教师应留有一定的时间与学生交流，及时了解他们对课的感受和想法，从而对教学的优点和不足进行及时总结。

2. 总结与改进

在交流获得反馈后，教师应及时、客观地评估和总结课堂情况。对学生的意见和建议加以重视，对优点加以肯定，并将存在的问题及其解决方法找出来，为下次课的改进提供依据，从而使自己的教学能力和教学质量得到有效提高。

第六章 健美操课程教学分析

第一节 健身健美操运动技能分析与教学指导

一、健身健美操运动技能分析

（一）健身健美操运动技能的基本动作

1. 手型动作

在所有形体动作中，舞蹈动作的种类和躯体造型比较丰富。为了吸取舞蹈动作的精华，健身健美操运动技能中的手型大多借鉴了舞蹈动作的手型，形成非常优美的健身健美操基本手型动作。如保持手腕绷紧状态下，五指并拢伸直或用力分开成的合掌与分掌，以及手掌用力上翘时，五指自然弯曲后形成的推掌；在无名指和小指弯曲互握的状态下，拇指与食指打响并与中指摩擦形成的响指；五指弯曲紧握，大拇指压在食指弯曲部位形成的拳；五指稍微前屈，中指、无名指和小指并拢后稍往内收，拇指向里弯曲形成的芭蕾舞手势；五指用力，中指、无名指、小指自掌指关节处依次弯曲，拇指稍微向内弯曲形成西班牙舞手势。

2. 上肢动作

第一，举。运动者自然站立，两脚分开与肩同宽，以肩关节为中心，手臂进行上下前后左右的有力摆动。第二，屈。两脚分开自然站立，伴随胸部、肩部、头部的运动，肘关节在弯曲与伸直之间交替变换。此处需要注意的是，身体在做屈伸运动时，手臂关节的动作要轻盈富有弹性。第三，绕。双脚开立与胯同宽，臂膀以肩为轴做前后左右内外的弧线环绕，手臂在空中摇摆时的路线要清晰，要明确手臂动作的起始与结束位置。

3. 躯干动作

第一，胸部动作主要包括移胸、含胸和挺胸。在髋部位置固定的情况下，腰腹带动胸部大幅度地左右移动，就是移胸；呼气时，身体在自由放松的状态下，低头、弓背、收腹、收肩的胸部动作，就是含胸；吸气时，身体在适度紧张的状态下，抬头、展肩、提臀的胸部动作，就是挺胸。

第二，腰部动作。主要包括屈伸、转动和环绕。两脚自然开立，匀速缓慢地伸展腰部，使腰部向前后左右做拉伸运动，就是腰部的屈伸动作；双脚开立与胯同宽，保持身体的适度紧张，在迈步移动重心的同时，由腰部带动身体沿着垂直于地面的轴线左右灵活转动，就是转腰动作；两脚分开自然站立，结合手臂动作，使腰部按照清晰的路线做圆滑的弧线或圆周运动，就是腰部的环绕动作。

第三，胯部动作。主要包括顶胯、提胯和环绕：两脚分开与肩同宽，保持上体正直，双手叉腰，一腿伸直起支撑作用，另一腿屈膝形成内扣姿态，用力且有节奏地将胯部朝左右前后顶出，就是顶胯；双脚开立与胯同宽，在半握拳的状态下，自然弯曲手臂，同时与腿部协调将胯部向左上、右上提，就是提胯；两脚分开自然站立，双手叉腰，胯部沿圆滑的弧线轨迹向左右方向做圆周运动，就是胯部的环绕动作。

4. 下肢动作

第一，立。主要包括直立、开立和点立。抬头挺胸双腿自然紧闭，保持身体竖直状态下的站立姿势，就是直立；双脚分开与肩同宽状态下的站立姿势就是开立；保持身体的自然直立状态，单腿点立或双腿提踵立，面向前后左右的舒展站立姿态，就是点立。第二，弓。保持身体的自然直立状态，将腿大步向前迈出大小适中的一步，做出前后左右侧的弓步屈膝动作。第三，踢。两脚分开与肩同宽，双腿轮流做前后左右的踢腿动作，踢腿时动作要快，不能拖泥带水。第四，弹。双脚开立与胯同宽，双腿进行前后左右的极富弹性的弹踢动作。第五，跳。两脚分开自然站立，做各种姿势的、有力度又有弹性的腿部练习，如并腿跳、分腿跳、踢腿跳等。

（二）健身健美操运动组合动作

1. 头部动作组合分析

在健美操运动中，头颈部是运动者机体最重要的身体部位，加强头颈部的训练不仅能减少脂肪的堆积，增强颈椎间韧带的弹性，还能提高头颈部的灵活性，促进脑部的血液循环，预防运动伤害事故的发生。健身健美操的头部动作主要包括屈、转、绕、绕环。

2. 上肢动作组合分析

在健美操运动中，运动者身体的上肢是变化最多的部位。经常做上肢动作练习能有效地提高自己的手臂力量。

二、健身健美操运动技能教学指导

（一）多类型健身健美操教学方法

1. 踏板操分析

在音乐播放器中选好动感的音乐，穿着宽松，站在踏板上跟随音乐节奏上下舞动的健身健美操类型，就是踏板操。踏板操的动作和步伐与绝大多数的健美操类似，区别在于踏板操的动作完成需要踏板的辅助因此，踏板操的练习对运动者的协调性要求较高。此外，由于踏板操主要锻炼部位是人体的下肢和臀部，因而可以提臀美腿、耗能减脂，改善女性的肌肉线条，增强人体的心肺功能。

（1）踏板操基本技术

踏板操的基本技术主要包括缓冲弹动、控制以及重心三个方面。

①缓冲弹动

依靠人体髋关节、膝关节、踝关节弹动屈伸形成的缓冲，是踏板操有氧运动的基础。踏板操的缓冲作用既可以缓解下板时来自地面对身体的撞击阻力，又可以锻炼上板时的腿部肌肉，促进动作与动作之间的安全衔接，有助于下肢和臀部肌肉的自然收缩。

②控制

人体的肌肉既可以松弛，也可以紧张，实现肌肉与肌肉间的协调配合过程，就是控制。为了使身体自然挺拔，在整个运动过程中，应该控制身体的基本姿态。

在踏板上下左右移动的过程中，运动者需要及时控制自身的腰部、腹部和臀部的肌肉，踏板操控制环节的运用，可以平衡身体，固定踏板，保证人体下肢和臀部动作的安全、顺利进行。

③重心

重心问题是踏板操的有氧练习过程中，保证人体安全和动作流畅的关键环节。人体在运动时，身体的重心会随技术动作的改变而移动，体现在踏板操上，就是上下踏板时会伴随着人体重心的移动，这时运动者的双脚应该交替用力，使身体与脚的动作方向保持一致。

（2）踏板操基本动作

由地上健美操动作发展演变而来的踏板操的基本动作，是踏板操中其他各种动作产生和发展的基础。为了巩固练习者下肢动作的基本姿态，需要练习者首先熟练掌握踏板操的基本步法，然后在此基础上，搭配上肢动作，调节身体方向，改变步伐节奏，实现上肢与下肢的协调配合。

①上肢动作

踏板操练习者可以通过改变动作方向、动作路线、动作幅度和动作角度，完成举、屈、伸、绕、振等基本的上肢动作。此外，练习者可以做单臂和双臂的左右对称或不对称摆动，创新动作形式，借助动作组合，使自行编制的动作更加美观、新颖。

②下肢动作。如图 6-1 所示，长方形代表踏板；a，h，c，d，e，f，g，h 为踏板周围的一些位置；r，s，t 为踏板上左、中、右 3 个位置；v，x 分别为 s，t 到踏板两边中间距离的位置。

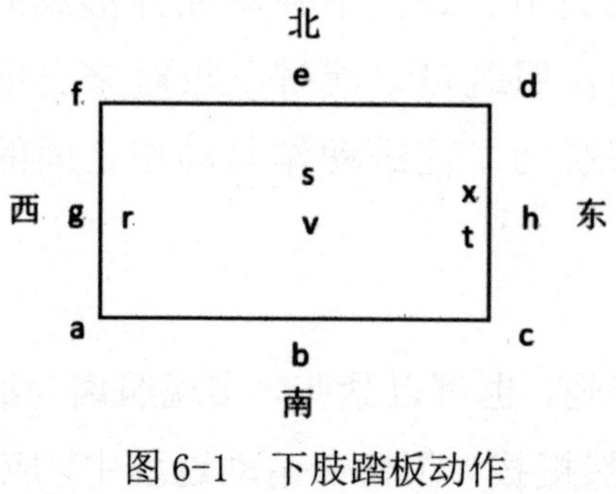

图 6-1　下肢踏板动作

第一，横跨板。准备：身体位于踏板左侧 g 位置，身体面向正北方。

动作：1 ～ 2 拍，右脚向右侧横跨一步上板，至踏板中央 s 位置；左脚紧跟右脚上板，身体重心随之移动至板上。3 ～ 4 拍，右脚再向右横跨一步下板至 h 位置；左脚下板并于右脚，整个身体完成横跨踏板的动作。

第二，基本步。准备：位于板下 b 的位置，面向正北方。

动作：1 ～ 2 拍，左脚向前迈一步上板至 s 位置；然后右脚也向前迈一步并于左脚，身体重心随之向前移动。3 ～ 4 拍，左脚向后迈一步下板至 b 位置；然后右脚也向后迈一步并于左脚，身体重心随之向后移动，还原到开始位置。

第三，边角步。准备：练习者位于板下 b 位置，身体面向正北方。

动作：1 ～ 2 拍，右脚向左前方迈一步上板至 r 位置，左腿提膝。3 ～ 4 拍，左腿伸膝落于开始位置 b，右脚落于 h 位置，还原到开始姿势。5 ～ 6 拍，左脚向右前方迈一步上板至 t 位置，右腿提膝。7 ～ 8 拍，右腿伸膝落于开始位置 b，左脚落于 b 位置，还原到开始姿势。

第四，斜角步。准备：练习者位于板下 a 位置，身体面向正东方。

动作：1 ～ 2 拍，左脚由开始位置向左前方迈步，上板至 v 位置，右脚上板至位置。3 ～ 4 拍，左脚下板至 d 位置，右脚并于左脚 g。

第五，交叉步。准备：练习者位于板下 a 左侧处，身体面向正北方。

动作：1 ～ 2 拍，右脚向右迈出一步，左脚向右迈出一步，并交叉于右脚之后。3 ～ 4 拍，右脚再向右迈出一步，左脚并于右脚。

（3）踏板操组合动作

①初级踏板操组合动作

第一个八拍。步伐：第 1 拍右脚点板，第 2 拍右脚下板，3 ～ 4 拍相反，5 ～ 8 拍右脚一字步上下板 1 次。

手型：1 ～ 4 拍掌；5 ～ 8 拍拳。

手臂：1 ～ 4 拍两臂在身体前侧击掌；5 ～ 8 拍两臂在身体侧面弯曲肘部，并前后来回摆动两臂。

第二个八拍。步伐：1 ～ 2 拍右腿上板 V 字步，3 ～ 4 拍下板内转 90°，5 ～ 8 拍同 1 ～ 4 拍，方向相反。

手型：拳。

手臂：两臂在身体侧面，弯曲双肘，并前后来回摆动两臂。

第三个八拍。步伐：1～2拍右脚上板V字步，3～4拍下板，5～8拍同1～4拍。

手型：拳。

手臂：前后来回自然摆动两臂。

第四个八拍。步伐：1拍右脚上板，2拍左脚前吸腿，3拍左脚点地，4拍左腿前吸，5拍左脚点地，6拍左腿前吸，7～8拍下板。

手型：拳。

手臂：前后来回自然摆动两臂。

②中级踏板操组合动作

第一个八拍。步伐：第1拍右脚上板，第2拍左脚前吸腿，3～4拍脚下板，5～8拍左脚上板、V字步下板后内转90°。

手型：拳。

手臂：1～4拍前后来回自然摆动两臂，5～8拍两臂在身体侧面，弯曲双肘，并前后来回摆动两臂。

第二个八拍。步伐：第1拍右脚上板，第2拍左脚上板，与此同时，右腿跳吸，3～4拍过板下板，第5拍右脚向前一步，第6拍左脚上步，第7拍转体180°，8拍向前走一步。

手型：1～4拍拳、掌，5～8拍拳。

手臂：第1拍两臂在胸前弯曲，第2拍两臂向上伸展，第3拍两臂在胸前弯曲，第4拍两臂置于身体两侧，5～8拍前后来回自然摆动两臂。

第三个八拍。步伐：第1拍右脚侧上板，第2拍左脚前吸腿，第3拍左脚下板，第4拍右腿向后伸展，第5拍右脚上板，第6拍左脚向后抬起，与此同时，左脚要绕过踏板，7～8拍向左旋转90°，下板。

手型：1～4拍拳，5～8拍拳，掌。

手臂：1～4拍前后来回自然摆动两臂，第5拍两臂在胸前弯曲，第6拍两臂向上伸展，7～8拍两臂在身体两侧自然垂落。

第四个八拍。步伐：第 1 拍右脚上板，第 2 拍左腿侧抬，3 ～ 4 拍下板，5 ～ 8 拍同 1 ～ 4 拍方向相反。

手型：掌心向前：

手臂：1 ～ 2 拍两臂从侧面向上举起，3 ～ 4 拍两臂在身体两侧自然落下，5 ～ 8 拍同 1 ～ 4 拍。

③高级踏板操组合动作

第一个八拍。步伐：第 1 拍右腿跳上板，与此同时，向后抬起左腿，第 2 拍左腿前收，3 ～ 4 拍下板，5 ～ 6 拍左腿板上恰恰，7 ～ 8 拍下板，与此同时，向左转动 90°。

手型：1 ～ 4 拍掌心向外，5 ～ 8 拍拳。

手臂：第 1 拍两臂倾斜向上举起，第 2 拍下拉两臂至胸前弯曲，3 ～ 4 拍自然将两臂放至体侧，5 ～ 8 拍向上弯曲两小臂。

第二个八拍。步伐：第 1 拍右腿从侧方向上板，第 2 拍左腿后屈跳，第 3 拍左脚向后交叉，并点地，第 4 拍左腿向后弯曲，5 ～ 6 拍下板，同时右转 90°，7 ～ 8 拍左脚尖点板一次。

手型：拳。

手臂：两臂在身体侧面弯曲，并前后来回摆动两臂；

第三个八拍。步伐：第 1 拍右脚上板，第 2 拍左腿向板左侧地迈一步重心在左侧，3 ～ 4 拍右侧横过板，第 5 拍重心在右腿，第 6 拍重心落在左腿板上，7 ～ 8 拍下板。

手型：拳。

手臂：前后自然来回摆动两臂。

第四个八拍。步伐：第 1 拍右脚上板，第 2 拍前吸左腿，第 3 拍左脚板前点地，第 4 拍前吸左腿，第 5 拍下板，第 6 拍右脚跟点板，第 7 拍右腿前吸，第 8 拍下板。

手型：拳。

手臂：两臂在身体侧面，弯曲双肘，并前后来回摆动两臂。

2. 水中有氧健身操分析

在水中进行的有氧健身操，就是水中有氧健身操。由于这种健身操结合了身体的水下动作、游泳动作和舞蹈动作，是一种全新的水中有氧健身项目，因而也被称为水中健美操。

（1）步伐

步伐包括水中踏步和水中走步。踏步时，不能双脚同时着地，在单脚着地的前提下，将抬起腿的膝关节调至直角，但不能露出水面，同时保持上体正直，落地时先脚尖着地，然后整只脚平稳触地；走步时，步伐要均匀，速度要适中，可以在水中前后左右自由移动。

（2）踢腿

踢腿包括前踢腿、后踢腿以及侧踢腿。前踢腿的动作要领是在双手叉腰单腿站立的情况下，将另一条腿抬起并弯曲，使大腿与上身尽量保持直角，大腿与小腿保持直角，逐渐伸直小腿。抬腿时，绷紧脚和膝盖，保持上身直立，大腿不能露出水面；后踢腿的动作要领是双手扶住水池的石阶，在单腿站立的情况下，向后抬起另一条腿，保持上身直立姿态，做屈伸练习；侧踢腿的动作要领是双手扶住水池的石阶，在单腿站立的情况下，向侧方抬起另一条腿，保持上身直立姿态，做屈伸练习。

（3）划水

划水包括双手划水、前后单手拍水以及体前双手内外拍水。双手划水的动作要领是两腿分开自然站立，五指并拢前举双臂，由里朝外按照数字 8 的线路，收紧腰部，向后大幅度匀速划水，动作还原时需要内收两臂，双手合掌前伸；向前单手拍水的动作要领是，两腿分开与肩同宽，轮状转动处于伸直且放松状态下的手臂，双手依次向前拍水；向后单手拍水的动作要领是两腿分开与肩同宽，轮状转动处于伸直且放松状态下的手臂，双手依次往后拍水；体前双手向内拍水的动作要领是两腿开立或跪立，与肩同宽，双手放于体前，同时成轮状向内拍水；体前双手向外拍水的动作要领是两腿开立或跪立，与肩同宽，双手放于体前，同时成轮状向外拍水。

（4）马步转体

双腿开立，屈膝半蹲，两臂侧下举，上体匀速大幅度向左右拧转。

（5）弓步伸展

双腿半蹲，右腿后伸成左弓步，同时两臂摆至前举，还原成半蹲后，换另一侧左右交替重复练习。

（6）屈膝抱腿

右腿屈膝上抬，左腿屈膝半蹲，同时双手抱住右小腿，还原成直立状态时，打开双臂成侧平举，双腿交替练习。

（7）开立侧屈

双腿开立宽于两肩，一手叉腰，另一手掌心向内侧摆动，带动上体做侧屈动作，左右交替练习。

（8）前屈后伸

双腿自然开立，两臂由下向前带动头部抬至整个上体接触水面，还原后，再由手臂向后带动上体后屈至最大幅度并还原。重复练习，可以充分伸展腰部和背部。

（9）髋部旋转

双腿开立，两手手指向下扶住髋部，依次用力推动骨盆，沿顺时针方向旋转，左右交替练习。

第二节 竞技健美操运动技能分析与教学指导

一、竞技健美操运动技能分析

（一）竞技健美操运动的基本动作

1. 竞技健美操运动的基本控制

（1）站立控制

①练习基础站立

首先是不能倚靠着墙壁，从头到脚，依次昂首挺胸，同时双肩下沉、肩胛骨向外向下，紧接着挺直腰背、收紧腹部，两腿往内夹紧。身体在用力时，要格外留意无墙壁倚靠时，要与有墙壁倚靠时的感受一样，用心感受身体的姿态。

②靠墙壁练习站立

练习时要注意两腿收紧，将背部、后脑勺、两肩、臀部，以及小腿紧挨墙壁站立。其中，脚后跟和墙的预留空间为3厘米，还要留心腿与臀部都是收紧的状态，腰背挺立、收紧腹部、昂首挺胸，与基础站立时一样，依旧要两肩和肩胛骨分别下沉，略收下颌。

③两手叉腰，抬脚跟站立练习

以上基础站立练习好后，再将两手叉腰，提起脚跟，控制身体的垂直上升技能。练习时，细心感受后背的力量，以及身体被垂直向上升时的感觉。

④两手叉腰，身体垂直于地面，然后抬脚跟行走的练习

上面的基本功打扎实后，抬脚跟向前或向后走时，身体重心在不断移动，可以提升垂直轴的掌控方法。

（2）纵跳控制

①原地纵跳控制

做基本站立控制动作，微屈双膝，蹬地向上，借助踝关节力量纵跳，感受身体垂直轴的控制。习练时要注意提气、收腹、立腰，尽量往上顶头，有意识地落地缓冲。

②承重起跳练习

在原地起跳练习后，在脚踝上绑上沙包，增加脚上的负重，在这种情况下进行练习，能够提升双腿垂直弹跳能力。

2 竞技健美操运动的身体姿态

（1）站立姿态

①颈部练习

颈部保持直立，略微收紧下颌，头部不能歪斜，眼睛看向前面。为了训练效果更佳，还可以头顶一本书，在保证书不落地的情况下，向各个方向移动脑袋。

②肩部练习

双肩用力，上耸并与地面垂直，待肩膀酸痛以后，再用力向下沉。多次重复训练后，再完全放松。

③臀部练习

身体保持直立，收拢两脚，并将脚掌向下用力压，同时收紧臀部和大腿，感受肌肉在用力，再将髋微微上提，如此循环反复练习。

④腹部练习

将臀部夹紧，腹部用力收紧，然后提气感受身体上台的过程，并且保持一段时间，再放松下来，如此反复几次。

⑤背部倚靠墙站立练习

首先将脚并起来，紧接着把头和肩胛骨，以及臀部都贴着墙站立，要注意脚后跟和墙的距离是 3 厘米；然后采用胸式呼吸的方法，边提气边保持刚刚的动作。练习时一定注意收紧两腿、腹部、臀部，挺胸直腰，肩胛骨和两肩往下垂，收下颌，头向上抬。

⑥站立姿势的练习

基础姿势练好后，不再倚靠墙壁，这时再感受肌肉的力量，循环往复训练这个动作，并且时刻留心呼吸要保持平衡。

（2）头颈姿态

①练习抬头

双手叉腰站立，头和颈均往后伸，最后还原慢慢加快速度，感受抬头时肌肉的受力。

②练习低头

首先双手叉腰站立，然后低下头、挺起胸。再将颈部向前倾，慢慢伸长，最后还原。速度从慢到快，感受头低下来时肌肉的受力。

③练习右转

双手叉腰站立好后，将头转向右边，此时下颌和右肩在同一垂直面，最后还原。速度从慢到快，感受肌肉在头部转动时的受力。

④左转训练

两手叉在腰间，自然站立，向左转头，下颌与左肩对准，然后还原。由慢到快变化速度，体会转头时肌肉控制的感觉。

⑤左侧屈训练

两手叉在腰间，自然站立，头向左侧屈，然后还原，体会头侧屈时肌肉控制的感觉。

⑥右侧屈训练

两手叉在腰间，自然站立，头向右侧屈，然后还原，体会头侧屈时肌肉控制的感觉。

（3）上肢姿态

①手型

第一，掌。竞技健美操的基本掌型分为五指分开手型和五指并拢手型两种类型。五指分开手型指五指分开直至手掌面积最大，且保持在同一平面上，手指伸直用力到指尖；五指并拢手型：并拢五指（保持在同一平面内），略屈大拇指第一指关节。在习练时要注意，先按照要求将掌型控制好，然后在不同平面上练习。第二，拳。在竞技性健美操中，拳与其他手型相比，更能体现出动作力度的感觉。第三，指。以剑指为例，弯曲大拇指、无名指和小拇指，并拢食指和中指并伸直。第四，特殊风格手型。竞技健美操运动的音乐元素十分丰富，因此有不同形式的手型动作与不同风格的音乐相匹配，如西班牙手型、阿拉伯手型等。

②手臂

第一，两臂上举。两臂经前绕至上举，双臂之间的距离与肩宽相同。第二，两臂侧举。两臂经侧绕至侧举，掌心向上、向下均可。第三，两臂前举。两臂由下举向前绕至前举，双臂之间的距离与肩宽相同，五指并拢或分开，掌心握拳、相对、向上、向下等均可。第四，两臂后举。两臂经前向后绕至后下举，尽量向后举手臂，双臂之间的距离与肩宽相同。第五，双臂前上举。将双臂环绕，直到上举和前举的角度呈45°，或者前侧上抬。第六，双臂前下举。将双臂伸直经前至前下方举起，位于前举与两臂下垂之间45°，或者到前方下举。第七，双臂屈于胸前。大小臂与地面、前臂和额状轴呈平行状态，然后小臂和胸的距离在10cm。第八，两臂侧举并屈着。注意前臂和上臂是垂直的。

（4）躯干姿态

①躯干稳定性训练

承受重力的仰卧起坐，首先挑选个人肌力承受范围内的一个实心球，通常是 2kg ～ 3kg，然后双手持球于胸前，并将球尽力向下颌的方向靠近，接受一定时间的练习后，可以逐步增加实心球的重量。仰卧起坐的训练，实际上是控制腰腹肌的训练，所以速度要稍微提升，不断坐起然后再仰卧的过程，也是腰腹肌的离心训练，并且身体也要慢慢向后倒。

后倒时间是起坐时间的一倍。练习时要注意，控制好身体回落的速度，避免因速度过快而造成腰部损伤，影响腰腹肌锻炼效果，这一练习收缩强度较大，要将负荷重量控制好。

健身球俯卧撑。俯卧，两手撑地把身体支撑起，两脚背置于健身球上，含胸收腹。两臂和健身球的距离通常是一臂半的长度，具体可根据个人实际肌力水平而调整。有了一定的练习基础后，可以慢慢将双臂和健身球的距离调大。双臂由直到屈的过程，也是身体的离心训练，身体慢慢向下倒，向下倒的时间要比向上坐起的时间多一倍。假设躺下的速度太快，则会影响身体的稳定性。双臂从屈到直，也是身体的向心训练，需要较快做完。值得注意的是，训练时需要把握身体的稳定速度，以及俯卧撑的合适速度。

②躯干灵活性训练

先进行肩关节运动，如左右依次提肩、提两肩，左右依次前后绕肩和双肩同时绕等；然后做髋关节运动，如顶髋、绕髋等；最后做躯干移动练习，如向前、后、左、右不同方向的练习，以提高身体各部位的灵活性。

3. 竞技健美操运动的身体弹动

（1）踏步

①踏步

上身直立，脚落下时脚尖先着地，再将全部脚掌置于地面，以便腿放下时能够将膝关节伸直。双臂屈肘并自然向身体两侧摆动，然后做弹动性的踏步练习，等到脚尖落地后，踝关节再慢慢地向全脚掌转移，以此承受腿部落地后膝关节的略微弯曲，这样双腿都能同时屈膝，双臂在身体两旁自然地一前一后摆动。

②弹动踏步

跟着伴奏音乐的节拍，有节奏地踏步，两臂同下肢有规律地摆动一腿部摆动，屈膝然后上抬，此时起支撑作用的那条腿也一起轻轻屈膝，腿摆动后落地再伸直在练习时，要先放慢节奏，熟悉后再加快，直立踏步训练好是基础。

（2）蹬、伸

①基础伸蹬

通常是将一只脚踩在踏板上，向上迅速用力并蹬直，让身体始终呈垂直轴，并以此训练左右腿。

②负重并伸蹬

需要在伸蹬时，在一条小腿上绑上沙包，让身体可以承担这部分负荷，依次训练左右腿。

③承重并提踵

先单脚或者双脚站立在踏板上，然后把沙包绑于踝关节上，这样的提踵训练，实际上是利用踝关节的力量，进行循环练习。

④原地屈膝弹动

随着伴奏音乐的节拍，踝和膝关节均有节奏地屈和伸，注意脚尖要紧挨地面，手臂随着下肢一起辅助练习。

⑤髋、膝关节地原地弹动

首先将双脚收拢，在音乐节奏的变化下，脚尖也随之不断抬起再放下，这时的膝关节也在做屈伸动作，脚跟挨地，屈肘的双臂一前一后地自由摆动。

（3）踢、跳

①弹和踢

在腿膝和踝关节承受起弹动的任务时，再适度地活动另一条没有起支撑作用的小腿，并且适度地伸开膝踝关节。开始是训练一条腿反复弹和踢，接着是训练两腿交换着弹、踢，交换的同时，让起支撑作用的腿的踝关节保持弹性的屈伸，从原地训练到走动训练。

②弹动纵跳

这个训练的拍子共有四拍：第一拍和第二拍是在原地屈膝弹跳，并让手臂和下肢一起朝前后摆动；第三拍是朝上垂直跳动，双臂随之摆动到上举；第四拍是脚落地时缓冲一会儿，并将手臂放到身体两侧。

③在原地重复小纵跳

把两脚收拢，足尖始终挨地，并伴随着音乐的节拍起落，这时踝关节要不间断地屈和伸，双臂一前一后自由地摆动。

④承重不间断地纵跳

首先将沙包绑在脚踝关节上，之后半蹲下来，将手臂往后摆动，随着腿的蹬伸向上跳动，这时双臂也自然上抬，在脚落地以后屈膝，以达到缓冲效果，之后重复跳动，持续训练。练习时，要留意起跳后身体保持适度的紧张，落地时要有意识地缓冲

⑤吸腿跳和跳踢腿

当支撑腿的膝踝关节在弹动时，另一条腿或提膝，或向前大步踢腿，且支撑腿的脚跟保持不完全挨地，适度弹跳，将膝关节调整到一直略微弯曲的弹动姿势。

⑥开合跳

开始是将双腿分开站立，然后做弹跳练习，再将双腿收拢后继续做弹跳练习，最后双腿有次序地开合跳，需要循环往复地训练。

（二）竞技健美操运动的难度动作

1. 支撑类难度动作分析

（1）分腿支撑

①如何让他人帮助自己进行日常练习

身体向左或向右倾、头抬起、胸部向内收、腹部用力收紧、将髋部弯曲，两腿分开呈直角或钝角，两手接触地面并保持相对距离，伸直双臂用力将身体进行支撑；与此同时，帮助练习者抬起双脚，让练习者双脚与髋在一条直线上的同时，使练习者双腿伸直并与地面平行，增加练习者进行练习的时间。通过不断地辅助练习，锻炼练习者增强腰腹肌力量以及下肢力量，当力量增强到一定程度时，帮助训练者将双手移开，让练习者独自完成所有动作。

②如何使用平衡木帮助练习者进行日常练习

身体向左或向右倾、头抬起、胸部向内收、腹部用力收紧、两手支撑在平衡木上并保持相对距离，伸直双臂，将髋部弯曲，两腿分开呈直角或钝角。双臂支撑身体，将两腿伸直并使两腿与地面保持平行，不断增加对支撑的控制时间，最终实现练习者不断强化对肌肉的控制能力。伴随着练习者增强自身的控制能力以及自身对技术动作的娴熟程度，从而将训练从平衡木转移到地面。

③训练练习者以直角进行支撑的能力

将两臂保持伸直，两只手紧握双杠对身体进行支撑，身体可以向左或右倾，将头抬起，胸部向内收、腹部用力收紧，在伸直两腿的同时并拢两腿，抬起双腿并使其保持与地面平行，不断增加可以支撑的时间。当练习者开始熟练地掌握技术动作，并增强腰腹肌力量以及髋部、腰部肌肉力量时，将训练移至地面，再进行练习。

④将双腿分开，采用高直角的姿势进行支撑能力的训练

在帮助练习者的陪伴下，练习者胸部向内收、腹部用力收紧，与此同时，将下颚收紧；将双臂伸直用以身体支撑，使身体保持稍向后的姿势；将髋部进行弯曲，分开双腿，并将双腿向上，保持“V”字，并将双腿贴紧胸部。帮助练习者用手紧握两脚，紧贴练习者站立，实现练习者身体姿势的保持。

随着技术动作的不断熟练，逐步增加支撑时间，并使练习者在没有同伴的辅助下独立练习，达到基本要求。

2. 跳跃类难度动作分析

（1）屈体分腿跳

①将身体抱团实现跳跃动作口将双脚并在一起，将膝部进行弯曲的同时，用力向上跳。当两膝在空中保持弯曲后抱起身体，让膝关节最大限度地靠近胸部。②将两脚并拢在一起，以纵跳的动作实现同一起点和落点，将膝部进行弯曲的同时用力向上，做跳跃动作，两臂顺着身体用力向上摆动，并起两脚后实现落地动作。③屈起身体将两腿分开实现跳跃动作。先并起两脚，将膝部进行弯曲后、伴随着身体力量自发地向上跳，在空中屈起身体，实现两腿分开的动作后，再以两脚并在一起的动作实现落地。

在这一练习中，一定要使用腿部作为力量来源，再以脚踝关节的力量爆发为辅助，不断地训练练习者，最后再实现空中姿态的练习。

（2）纵劈腿跳成俯撑

①在同一起跳和落点进行纵劈腿跳的练习

在原地向上起跳，在空中以一前一后的方式打开双脚，在自身能够实现的顶点纵劈腿，身体下落时，保持屈膝的动作用以缓冲身体。在训练这一动作时，要紧贴练习者侧面站立，双手扶着练习者的髋部，在练习者实现身体向上纵向跳跃时，帮助练习者从旁进行辅助，将练习者在空中的时间进行延长，使练习者获得充裕的时间实现纵劈腿，练习者落地时加强对其的保护。在习练过程中要注意对身体垂直轴的控制，收腹挺胸、立腰立背、紧臀、肩下沉，头向上顶。根据实际情况，手臂可以做一些配合下肢的辅助动作。

②原地前倒成俯撑

自然直立，身体前倒，双手着地成俯撑姿势，保护者站在练习者侧面，当练习者身体前倒时，迅速托其腰腹，减缓倒地速度，防止损伤发生。习练过程中，要注意收紧身体各部位，着地时肘部及时弯曲进行缓冲，五指分开，从指尖到全手掌依次着地，头与身体保持在一条直线上。

③实现前后腿分开跳跃的动作，落下时实现俯撑动作

练习者两脚保持向上并实现垂直起跳的动作，离开地面后，练习者两腿迅速实现前后分开，两脚之间形成的夹角不能大于135°。在练习者所能够达到的顶点落下后，实现前腿迅速后摆，上体向前倒的动作，最终以俯撑的姿势落地。

④以纵劈腿的动作最终实现俯撑

起跳动作采用双腿用力向上，凌空完成纵劈腿的动作，最终以俯撑的姿势落地。

练习中要注意，前后腿尽量劈开，腿要伸直，要绷直脚面。

3. 俯卧撑类难度动作分析

（1）单臂俯卧撑难度动作

①以标准的俯卧撑实现控制腹肌训练

整个姿势始于标准的俯卧撑姿势，将两脚并起，将两臂打开保持与肩同宽，

将腰腹肌肉、臀部肌肉的力量进行紧收，使身体始终控制在一条直线上，并将这样一个姿势进行保持为了提高控制身体的难度，可在标准俯卧撑控腹的基础上两脚蹬地使重心向前。

②抬高下肢达到控制腹肌的训练

以标准的俯卧撑动作作为预备姿势，将两臂打开保持与肩同宽，将双脚并起放置在比地面高的实物上，收紧腰腹及臀部肌肉，将身体绷直成一条直线，不断增加双脚离开地面的高度，加大动作的难度，以此将腹肌控制能力进行提升。练习时要谨记，身体重心应始终保持在腰腹部位，不要太向前。

③以动态的方式实现控制腹肌的训练

以标准的俯卧撑动作作为预备姿势，将两臂打开保持与肩同宽，将双脚并起搁置在健身球上，收紧腰腹及臀部肌肉，鉴于健身球的形状与动态练习的特点息息相关，要求身体应紧收，同时绷直成一条直线，将身体控制动态动作的能力进行提升，也可以采取向背部增添阻力的方式。例如，放杠铃或者相似重物，增添训练难度的同时，将动作难度加以提升，使练习者不断增强腹肌控制能力。练习时要谨记，身体重心应始终保持在腰腹部位，不要太向前。

④对抗阻力以实现控制腹肌能力的训练

以标准的俯卧撑动作作为开始姿势，将两脚并拢后，将两臂打开保持与肩同宽，收紧腰腹肌、臀部肌肉力量，将身体绷直成一条直线，将姿势固定在较长的时间内，也可以采取向背部增添阻力的方式。

⑤用单臂、单腿进行支撑完成动作实现控制腹肌的训练

将两脚分开，实现两脚之间与肩同宽的距离。让身体以单臂、单腿进行支撑，进行支撑动作时，臂肘关节要保持伸直状态；另外，对臂部动作不加以限制，收紧腰腹肌以及臀部肌肉的力量，将身体绷直成一条直线，在较长时间内保持这一动作。

⑥以单臂、双腿进行支撑完成动作实现控制腹肌的训练

分开两脚，实现两脚之间与肩同宽，用单臂对身体进行支撑，支撑时臂肘关节保持伸直，另外一侧手臂动作不加以限制，收紧腰腹肌以及臀部肌肉，将身体绷直成一条直线，在较长时间内保持这一动作。如果要增加训练难度，需

要在保持重心前倾的基础上，完成上述动作后两脚蹬地，最终实现增强控制身体能力的目的。

（2）双臂俯卧撑难度动作

①双膝跪地完成俯卧撑动作

双膝跪于地面，小腿并在一起（或进行交叉）。上半身实现标准的俯卧撑，并以此姿势作为准备姿势，在此基础上开始俯卧撑动作，将两腿向后伸。保持成直线，前脚掌作为落脚点，在此成套动作基础上，做标准俯卧撑。在练习时要将腰腹紧收，将身体保持绷直状态。

②面对前体完成俯卧撑动作

练习者与墙体（或者肋木这样的实物）保持大约 1 米的距离，绷直身体向前倾斜，两手保持撑在墙上的动作，位置与胸部齐平，以此姿势完成标准俯卧撑。

伴随着俯卧撑动作不断练习，身体控制能力和肌肉力量也开始有所提升，两手支撑的高度以及身体重心都会不断向下。因此，要实现动作的标准化，必须将腰腹以及臀部肌肉进行收紧，身体绷成直线，一直到标准的俯卧撑动作变为手撑地的姿势。在练习时要谨记，对身体任何部位展开练习，都要将身体绷直成直线。

③以俯卧撑的动作不断缩小两臂之间的距离

开始做动作时，两手要保持一定距离，在进行俯卧撑练习时，使双手之间保持与肩稍宽的距离，在动作进行过程中，不断缩小两手之间的距离。但是，动作幅度要伴随着练习的进行增大，一直到完成标准俯卧撑动作要求的臂间距离。

④以下肢抬高的姿势完成俯卧撑动作

在比地面高的物体上放上两脚，双手撑地，以此动作开始标准俯卧撑，收紧腰腹以及臀部肌肉，身体绷直，不断提升双脚离地的高度，从而实现练习难度的增加。在练习中要谨记，腰腹部位为身体的重心，不要让身体重心过于向前。

4. 柔韧与变化类难度动作分析

（1）平衡前倒成纵劈叉

①平衡训练

平衡训练的目的在于提高身体控制能力及完成难度动作的能力。在同伴的辅助下进行搬腿平衡提锤练习，练习者再独立进行练习。这对于促进练习者踝关节控制能力和难度动作完成能力的提高具有积极的影响。

②斜板训练

身体直立，含胸收腹，下颚收紧，成搬腿平衡姿态，前倒于斜板上，重复练习此动作，充分掌握技术要领。随着动作完成质量的提高，逐步降低斜板的倾斜度，最后过渡到地面进行练习。

（2）横劈叉腿前穿

身体俯卧，含胸收腹，双腿分开成横劈叉状。双臂伸直支撑身体，两脚架在离地面30cm高的物体上，慢慢前后移动，逐渐加大移动幅度。随着技术动作的不断熟练，将双脚放回地面进行练习。

二、竞技健美操运动队伍的重点培养

（一）竞技健美操运动选材

1. 竞技健美操运动选材的重要性

竞技健美操运动的不断发展和国际性比赛激烈程度的日益增加，竞技健美操的动作难度也越来越高，这就对运动员的身心素质和运动能力提出了更高的要求。因此，在竞技健美操选材过程中，要充分考虑当前竞技健美操运动发展的趋势及发展需求，从而提高选材的科学性与实效性。

对竞技健美操运动员进行选材，就是从众多人群中选拔出适合参与健美操运动项目的人，对其进行重点培养和训练，使其拥有健美操运动的竞技能力，在比赛中取得优异的成绩，推动竞技健美操运动的发展。目前来看，科学选材已成为当务之急，做好这项工作将从根本上推动竞技性健美操的发展。

2. 竞技健美操运动选材的指标

（1）形态类指标

在对健美操运动员的选材中，健美的体形是一个非常重要的指标，有关人员通过对近年进入世锦赛决赛的运动员进行体形测评后发现，所有运动员的形态不仅与健美操动作的力学特点相符，而且与美学要求相符，因此，在健美操选材中要注意形态类指标的重要性，严格筛选对健美操运动成绩有影响的形态类指标，包括高度、长度、围度、宽度、充实度等。

（2）身体素质指标

身体素质是对人体在运动状态下的身体机能做出整体评价，主要从力量、速度、耐力、柔韧、灵敏、平衡等方面进行评价，只有拥有良好的身体素质，运动员才能把基本健美操技术与技能融会贯通。由于竞技健美操运动规则在与时俱进，不断完善，所以对运动员的身体素质有了更高标准。其中，对柔韧素质和力量素质方面的要求要比其他素质更严格一些。身体素质受一定遗传因素的影响，在运动员的选材中要特别注意选材的优良性。当然竞技健美操所需的一些素质受环境影响较大时，可以通过后天训练获得。

（3）生理机能指标

心功能指数是一种对人体心肺功能进行测量的简易方法一通过测试运动员的安静心率，30 秒的 30 次蹲起后的即刻心率和 1 分钟后的恢复心率，可以对运动员的心肺功能做出评定。一般来说，这三个心率偏低的运动员心肺功能强。心功能指数这一测试方式采用克服自身重心的方式，其负荷形式和测试时间与健美操项目很接近。心功能指数和年龄及训练水平有关。根据统计，随着年龄的增大，心功指数会递减，运动水平的前后差异也会增大。生理机能指标受遗传因素的影响比较明显，在选材过程中，要尽可能选择有良好先天条件的后备人才，经过一定训练后，如果后备人才的心功指数还是达不到相应要求，其就难以在之后的训练中承受大负荷，因此可以不予以做考虑。

（4）心理类指标

第一，心理素质。心理素质也称“心理品质”，包括心理过程和个性心理特征。心理素质对竞技健美操运动员运动能力的发挥有重要的影响，因此在选材时应特别注意对运动员心理素质的考察。竞技健美操要求运动员拥有良好的心理稳定性、积极的性格、坚强的意志和一定的思维能力，所以在选材时应将这些因素作为具体指标。第二，神经系统类型。根据竞技健美操运动的特点与发展需要，从神经系统类型考虑，在后备人才选材中，应挑选神经兴奋且具有稳定性的人。

（5）气质类指标

活泼型队员一般活泼好动，聪明伶俐，精神饱满，易兴奋也易抑制，模仿性强，接受事物也快，掌握动作也快；安静型队员的一般较安静，稳重，掌握动作虽慢，但稳定性强。凡是表现好、成绩较突出的健美操运动员大都属于活泼型和安静型，所以从气质类型方面选材来看，以安静型和活泼型为宜。

（6）技术类指标

竞技健美操运动具有较强的技术性特征，基本技术对运动员技术的发展具有关键性作用。竞技健美操技术动作非常多，所以在选材中，只能从对比赛成绩有重要影响的关键动作入手进行评定，根据运动员年龄和训练水平的不同，选用的动作指标也各有差异。教练员可以通过观察备选人才在规定动作中的表现来判断其发展潜力，从而做出选择。

3. 竞技健美操运动选材的原则

（1）个性原则

根据竞技健美操运动发展的特点，在对竞技健美操各项选材指标进行选择和制订时，应对不同运动员的特点、不同时期的训练任务进行综合考虑，区别对待，使健美操运动选材充分体现集群性特点与个性特点，并自觉与健美操的特点进行结合与对照，从而选拔更适合从事健美操运动的优秀人才。

（2）长久性原则

依据我国儿童少年生长发育的特点，各项指标在生长发育期都呈上升趋势，身高体重的这一变化趋势尤其明显；同时根据国内外人群种族差异，从人体健美的实际情况出发，考虑我国竞技健美操要走向国际的趋势，在确定各项指标时，需对有利于该运动发展的标准予以充分考虑，使选材指标具有长期性。

（3）可发展性原则

根据我国青少年身体发育的特点和竞技健美操运动的客观发展规律，从这项运动发展的客观实际考虑，在选择竞技健美操科学选材的指标时，应选择可发展的指标。

（4）多因素综合原则

健美操运动员的竞技能力由多方面的因素共同决定，某一因素的不足或某方面的缺陷会对其整体竞技能力产生不同程度的影响。任何人都不是十全十美的，所以要细致分析健美操后备人才的各种能力和素质测定的结果，抓住那些主要因素进行综合权衡，在此基础上做出最终的决定。

（二）竞技健美操的科学训练

1. 制订科学的训练计划

竞技健美操训练是一项非常具有系统性的工程，各子系统之间的衔接非常密切，这样才能保住训练的有效性。竞技健美操训练要以严谨的计划为依托，培养全面发展的人才。良好训练效果的取得离不开对训练计划的科学制订，制订训练计划是实现终极训练目标，即取得优异比赛成绩的保证。

制订竞技健美操训练计划是以竞技健美操训练目标为核心而开展的一项工作。由于竞技健美操的训练对象具有差异性，因此训练目标也有一定的区别，因此制订训练计划时，要有所侧重，要符合训练对象的实际情况。对于成年队来说，取得优异的比赛成绩是训练的终极目标，因此对成年队制订训练计划应以比赛周期、竞技状态的形成等因素为依据；而对于青少年队来说，训练的目标主要是培养人才，因而对青少年队制订训练计划主要依据青少年不同年龄阶段的身心发育特点，而且在不同时期安排的训练内容、训练手段都应该突出不同的侧重点。

2. 在不同阶段实施有针对性训练

竞技性健美操运动的全程性多年训练过程包括五个阶段，分别是选材阶段、基础训练阶段、专项提高阶段、最佳竞技阶段以及竞技保持阶段。不同阶段的训练任务、内容、特点以及负荷是不同的。

3. 竞技健美操培养运动员的心理素质与合作能力

对于竞技健美操运动员而言，竞技能力不仅包括身体素质、技术等，还包括心理素质能力，把握和调整心理活动是竞技健美操运动员必须具备的一项基本素质，运动员的个性心理特征在训练和比赛中起着重要的作用，心理素质良好的运动员往往能够在比赛中充分发挥自己的水平，因此，要重视对竞技健美操运动员心理素质的培养。

4. 竞技健美操运动的不断创新

（1）提高运动员的思维能力

思维能力包括思维的广度、深度、灵活性和独立性竞技健美操运动员的创新思维能力主要包括想象力、联想思维能力、多向思维能力等要素。

①想象力

想象力是善于任意改变、组合、扩大和加工意象，形成新形象的能力。任何创新都起源于想象，只有先丰富联想并敢于质疑，才能产生想象，想象力形成与发展的基础主要是深奥和渊博的知识和实践经验。在竞技健美操动作创新中，想象力的作用至关重要，在训练场上，教练员应该善于根据运动员动作表现情况与相应的动作建立联系，组合加工，从而产生新的思考，创造新的动作。

②联想思维能力

联想思维能力是指善于由一个事物想到另一个事物的能力。发现看似没有任何联系的两个事物之间的联系是创造性思维的本质。联想思维能力强的人可以充分运用自己已掌握的知识，调动自己的经验，在此基础上扩大创新思路。在竞技健美操动作创新过程中，教练员善于从现有的动作联系到其他项目的动作，为创新建立一个良好的思维模式，由一个动作想到多个动作，或由一类动作想到其他类动作，或从连接方式的改变想到其他项目的连接动作，这些都是创新的主要途径。此外，教练员应该学会捕捉瞬间灵感，这同样是培养与提高创新能力的重要环节。

③多向思维能力

多向思维能力是指善于从多方向、多角度思考问题和解决问题的能力，多向思维能力比单向思维能力更能够激发人的创造性。单向思维指人们善于从单向性和固定点思考问题，容易造成思维惰性和僵化；而多向思维强调从事物的多角度、多层次、多方面和多方向去研究问题、认识问题，在逆向、侧向、发散等思维辐射中转变思路，寻找新的设想。在竞技健美操动作创新的过程中，多向思维的应用主要体现在对于动作进行多角度、多层次的理解，从多个方面分析难度技术，从逆向思维、侧向思维和发散思维等几个方面着手来思考动作路线和方向，从而对动作加以科学创新。

（2）提高竞技健美操的创新设计能力

创新设计能力是指将有价值的构思变成实物，并付诸实践进行检验的能力。在现实中，许多人都会产生一些创意性的想法，甚至是相当有价值的新想法，但绝大多数都不能付诸实践，主要是因为缺乏完成能力，也有的是其他原因所致创新完成能力是竞技体育创新能力的重要组成部分，在竞技健美操动作创新的过程中，创新设计能力主要包括教练员的组织和实施能力、运动员的实际能力。

以运动员的实际能力来说，是指当教练员构思好新的动作时，运动员的现有水平能否完成新难度动作的能力。这里所说的运动员的现有水平具体包括其身体素质、心理素质、难度技术水平等。所以，教练员在进行难度动作创新时，必须对运动员的实际能力予以考虑，否则难度的设计将不具备实效性。

第三节　时尚健美操运动技能分析与教学指导

健美操运动现已成为深受人们喜爱的运动项目之一，同时也得到了很好的开展和推广，并在不断发展中逐渐演变出了一些新兴的、时尚的健美操运动项目，这些项目因其自身的特点受到广大群众的欢迎和喜爱，并在学校中有着广泛的师生基础。

一、时尚健美操爵士健身舞分析与教学指导

（一）爵士健身舞的动作要素与表现

第一，用屈膝下蹲的方式，使身体重心与地面靠近。

第二，以保持低重心的方式，增加下肢的柔韧性，同时放松上半身的各个关节，每个节拍对应不同的动作，丰富整个舞蹈的表现形式。

第三，快速移动身体重心，特别要注意身体的水平移动。

第四，保证身体每个部位都能够得到单独且充分的活动，如头部、肩部、腰部、臀部、躯干的运动。

第五，突出动作的线条性，保持角状体态。

第六，对每个动作做分割处理，根据节奏切分复杂性动作，可以充分展现动作中的韵律。以一个动作为例，头部或手部的动作占节拍中的重音部分，做

动作时，可以对头部和手部的动作做分割处理，与身体动作分开进行，即将一拍分割成几拍，将一拍内可以完成的动作，分割成几个部分。

第七，节奏的多样化，使身体通过两三个韵律迅速表达出想要完成的动作。

（二）爵士健身舞组合动作教学分析

1. 第一个 8 拍

第 1 ～ 2 拍：身体转向八点钟方向，眼睛看向一点钟方向，重心放在左腿上，迈出右脚，双肘微屈，双臂放于身体两侧；身体转向两点钟方向，眼睛看向一点钟方向，左脚向右脚前迈出一步，双手自然下垂在身体两侧；身体回到正点方向，左腿位于右腿前，双臂与肩平齐，双手握拳，双肘架于胸前。

第 3 ～ 4 拍：身体转向八点钟方向，眼睛看向一点钟方向，右脚向左脚方向迈出一步并落于左脚之前，双手手背相对，从后脑勺方向移动至头顶。

第 5 ～ 8 拍：左脚脚尖点地，左腿伸直向左迈出一步，重心从右腿移到左腿上，右脚脚尖点地，右腿膝盖微屈，双臂从头上下落，与肩平行，双肘微屈，左手手臂向内，成锐角，右手手臂向外，成钝角，左手向上举起。然后缓缓落下至与肩平齐，肘部微屈成 90°，右手自然下垂于大腿外侧。

2. 第二个 8 拍

第 1 ～ 4 拍：右腿先向左腿方向靠拢，然后左腿位于右腿膝盖前，左脚向身侧踢出后落地，双腿屈膝，双脚踏步，在身体扭动的过程中，左手缓缓下落，双手经身体两侧缓缓上举，到达肩部后打开，举至头顶上方，上身前倾，下颌收紧，以双手指尖与地面接触。

第 5 ～ 6 拍：起身正对两点钟方向，眼睛看向一点钟方向，双腿向右侧方向做出弓步，举起右手在空中画圈后再次落下，左腿向右腿后方移动，双手扶着胯部，脚下踏步；身体转向对八点钟方向，眼睛看向一点钟方向，双腿于左侧方向做出弓步，举起左手在空中画圈。

第 7 ～ 8 拍：右腿靠向左腿，双膝微屈，脚尖点地，落下左手，举起右手使其高于头顶，右手掌心朝向前方，臀部上翘。

3. 第三个 8 拍

第 1 ～ 4 拍：头部偏向右侧，抬起右腿，双手呈握拳状，左手在身体前，右手举过头顶，双肘微屈；头部偏向左侧，双手松拳为掌，左手位于胸前，肘部微屈，掌心向上，右手位于肩侧，肘部微屈，掌心朝下；身体转向两点钟方向，眼睛看向一点钟方向，重心放在右腿上，左腿向身旁迈出一步，脚尖点地，再靠近右腿，脚尖点地，膝盖微屈，右手覆于胯上，左手侧平举，下落，同样放在胯上。

第 5 ～ 8 拍：身体转向八点钟方向，眼睛看向一点钟方向，左腿位于右腿前，左脚脚尖点地，双手手背相对，举于头顶上方；右脚向左脚前方迈出一步，双手落下，并在身体两侧打开，下压手腕，双手手掌朝向地面；身体转向两点钟方向，眼睛看向一点钟方向，右腿位于左腿前，双手手背相对，举于头顶上方；左脚向右脚前方迈出一步，双手落下，并在身体两侧打开，下压手腕，双手手掌朝向地面。

4. 第四个 8 拍

第 1 ～ 4 拍：身体转向一点钟方向，右腿向身体侧方位迈出一步，右脚脚尖点地，双腿分开略宽于肩，双手呈虚握状态举于头顶之上，右腿朝着左后方向后退一步，右脚脚尖点地，眼睛看向七点钟方向，左手背后，右手屈肘于胸前；该动作再向相反方向重复一遍。

第 5 ～ 8 拍：左脚向右脚前方迈出一步，右脚向前踢腿，跟随腿部运动，双手随意摆动；在右脚位于左脚前方时，脚下踏步，踮起左脚脚跟，双手举于头顶上方，手背相对；第 8 拍，前倾上身，下身屈膝下蹲，双手指尖触摸地面。

5. 第五个 8 拍

身体缓缓站起，将重心放在左腿上，右腿膝盖微屈，左脚脚尖点地，身体随着右脚脚尖方向的改变分别转向八点钟和一点钟方向，与此同时，双手可以随意摆动。

6. 第六个 8 拍

第 1 ～ 4 拍：右腿位于左腿前，脚下踏步，左手抬起伸直、手心向下，右手侧平举，掌心同样向下，两手成 90°；身体向逆时针方向旋转一周后，回到初始状态；右手先打一个响指，随即左脚上前，然后，左手打一个响指，右脚再上前。

第 5 ～ 8 拍：将左右手先后举过头顶，手心向外、手背合拢，然后右腿提起膝盖呈 90° 弯曲，手肘微屈双手握拳向下拉伸；向肩两侧打开双手，同时右脚落地，掌心朝向地面，接着身体逆向旋转一圈，右手绕头部一周后回到准备姿势状态；双腿张开与胯同宽，双手再次回到握拳状态，于胸前端平左手，同时右手屈肘于肩前，张开双手掌心放于大腿处。

7. 第七个 8 拍

第 1 ～ 4 拍：肩膀向右送出，微微握拳，然后将身体回正，胸部放松，浅含，之后再向左送肩；将右腿踢到身体侧方，双臂掌心朝下在肩膀两侧打开。

第 5 ～ 8 拍：左脚位于右脚后，双腿屈膝，左脚用脚尖点地，双脚状态为歇步，左手抻直于身体前立起手掌，右手肘弯曲。左手手臂与前臂相交，双手相贴手心朝外；向右偏头，胯部向后；向左偏头，左手轻轻抬服右手，胯部向左；头部回正，90° 屈膝上抬右腿，将右手置于臀部，左手举起高度高于头顶，掌心向左。

8. 第八个 8 拍

第 1 ～ 4 拍：向七点钟方向转身，双腿成左弓步使右脚着地，右手臂于胸前弯曲手肘同时虚握右拳，左手在身体侧落下；于反方向继续重复此动作。

第 5 ～ 8 拍：向一点钟方向转身，目视七点钟方向，左腿膝盖弯曲于右腿前落下，此时右腿保持跪地姿势，左手在身体一侧落下，右手肘弯曲于胸前握拳；目光转向一点钟方向，向身体一侧打开左腿，将左手掌心向左举过头顶，右手伸直于身体下侧；将右腿移至左腿后，此时在体后方打开双手。

9. 第九个 8 拍

第 1 ～ 4 拍：将重心放至左腿站起，接着向两点钟方向转身，眼睛看向一点钟方向，再将重心移至右腿，使左腿膝盖弯曲，以脚尖点地，同时，双手手背相对由身后举过头顶至体前。

第 5 ～ 8 拍：先翘起臀部，再收臀。

10. 第十个 8 拍

第 1 ～ 4 拍：向八点钟方向转身，眼睛看向一点钟方向，先后迈出左右两脚各一步，同时将左右手先后屈肘伸出身体前，以左手在上、右手在下的姿势保持双手交叉；向一点钟方向转身，向左扭上半身，身后的左腿移动到体侧，分立双腿略大于肩宽，右脚点地，成 90° 弯曲左手肘于体侧，此时掌心向上；向右边扭动上半身，左脚点地，成 90° 弯曲右手肘于肩侧，成 90° 于体侧弯曲左手肘，掌心依然保持向上。

第 5 ～ 8 拍：逆时针方向旋转身体 360°，先将身体面向七点钟方向，眼睛看向一点钟方向，双手放置在身体两侧，手微微握拳；上半身扭向一点钟方向时，将拳松开，然后再向七点钟方向转身，目视五点钟方向，双手掐腰；再向三点钟方向转身，右腿置于左腿之前，左脚点地，双手掐腰；再向一点钟方向转身，右腿放在左腿前，左脚脚尖触碰右脚脚尖。

11. 第十一个 8 拍

第 1 ～ 2 拍：向八点钟方向转身，眼睛看向一点钟方向，将重心置于左腿，右腿膝盖弯曲，膝盖方向与目光方向保持一致，脚尖点地，右手拍打右胯；向一点钟方向转身，左右腿一前一后，将右手举过头顶位置，保持掌心向前。

第 3 ～ 4 拍：放下右手使手肘于胸前弯曲，手掌贴在左肩膀上，然后左手也做同一动作；双腿打开站立，向肩两侧打开双臂，掌心立起，返回准备姿势。

第 5 ～ 8 拍：向体侧打开左腿伸到右腿后方，轮流将左右手在肩侧处伸直，立起掌心，另外一只手掐腰；重复这个动作；接下来向七点钟方向转身，重心重回左腿，右腿膝盖弯曲，脚尖点地，膝盖朝向六点钟方向，将左手放在身体后方，右手绕到脑后，然后在腹部左侧落下右手，眼睛看向五点钟方向。

12. 第十二个 8 拍

第 1 ～ 2 拍：眼睛看向一点钟方向，保持左手静止不动，将右手向身体下侧伸够，手腕翻转使手心对准前方；移动重心到右腿，左腿膝盖弯曲用脚尖点地，右手掌心朝上于身体侧方屈肘，方向向上。

第 3 ～ 4 拍：眼睛看向七点钟方向，右腿脚尖点地膝盖保持弯曲，重心在左腿上，右手肘向上弯曲于体侧，此时手背朝下。

第 5 ～ 6 拍：与 3 ～ 4 拍的动作相同。

第 7 ～ 8 拍：向一点钟方向转身，一边摆手的同时，从左脚打头向前方迈出三步；跨出左脚，则右手置于身后，左手肘弯曲手握拳置于体前；左右手脚反之亦然。

13. 第十三个 8 拍

第 1 ～ 2 拍：右脚向前迈一步之于左脚前方，先后分别将右手及左手举过头顶，使手心向外手背贴合；90° 弯曲右腿膝盖并提腿，保持双手的握拳状态，下拉弯曲的手肘。

第 3 ～ 6 拍：当左脚落于右脚后时，向肩两侧打开双手，使掌心朝向地面；伴随着左脚向前迈一步，在右脚前面着地，身体转向两点钟方向，眼睛看向一点钟方向，左手移动到肩膀前，将右手绕头部后方；转过身体朝向七点钟方向，重心位于左腿，右腿弯曲膝盖，并用脚尖点地，双手掐腰；向一点钟方向转身，两腿分开略大于肩宽，左手在胸前水平端起，屈右手肘并成拳状在左手手背上落下，双手之间保持 90°。

第 7 ～ 8 拍：两手置于大腿上并屈膝，双手撑地为接下来的俯卧撑做准备。

14. 第十四个 8 拍

做俯卧撑。

15. 第十五个 8 拍

同第十四个 8 拍。

16. 第十六个 8 拍

第 1 ～ 4 拍：两腿跪地，双手逆时针绕头顶一周，眼随手动。

第 5 ～ 8 拍：抬头，双手相握于头顶，上身后倾，双手落于两腿之上。

二、时尚健美操健身绳操分析与教学指导

（一）健身绳操基本动作教学分析

1. 摆动

用两手或单手将绳头握住，以肩为轴心进行前后或者左右摆动绳，在摆动绳时，肩部保持放松，力量要均匀，以控制绳形不变。

2. 绕环

双手或单手握绳头，以肩或肘、腕为轴在身体各个面上做各种绕环。在做绕环动作时，注意绕环面要准确，绳不能触及身体。

3. 跳绳

跳绳主要有双脚跳、单脚跳、高抬腿跳等；可做单摇、双摇、交叉摇等。跳绳时，需要两臂自然伸直，以手腕为轴摇绳，跳起时要轻松有弹性，落地应有缓冲。单摇跳是最为简单、最为基本的一种技术，它是指摇绳一个回环、跳跃一次，主要包括单摇双脚跳、单摇交叉跳、单摇双脚交换跳等。双摇跳是跳绳中动作相对较为复杂的一种技术方法，又称为“两摇跳”，也就是说跳跃一次，摇绳绕身两个回环，主要包括双摇双脚跳、双摇单脚跳、双摇双脚交替跳等。

（二）健身绳操组合动作教学分析

1. 预备姿势

双手持四折绳于体前直立（以下所有动作以先出右脚为例）。

2. 第一个 8 拍

1 ～ 2 拍：右脚向右做并步同时两臂前平举并还原。

3 ～ 4 拍：左脚向左做并步同时左臂前上举，右臂前下举持绳并还原。

5 ～ 6 拍：右脚向右做并步同时两臂经上举至肩侧屈。

7 ～ 8 拍：左脚向左做并步同时两臂经上举并还原。

3. 第二个 8 拍

1 ～ 2 拍：右脚向右前方向迈出 1 步，左脚后脚尖点地，同时两臂上举。

3 ～ 4 拍：左腿并于右腿同时两臂向后绕至下举。

5 ～ 8 拍：动作同 1 ～ 4，但前后、左右方向相反。

4. 第三个 8 拍

1 ～ 2 拍：右脚向右侧 1 步并向右移重心，同时两手分别持绳头向右摆动绳。

3 ～ 4 拍：动作同 1 ～ 2 拍，左右方向相反。

5 ～ 8 拍：右脚向右侧变换步同时两臂向右经上、左至右绕环一周。

5. 第四个 8 拍

1 ～ 4 拍：右脚开始跑跳步，同时左手握双折绳头（两个头），右手握绳中段在体侧以右手腕为轴做向前的小绕环。

5～8拍：下肢动作同上，同时左手于右胸前，右臂上举以右手腕为轴做水平小绕环。

6. 第五个8拍

1～4拍：右腿、左腿依次向前弹踢，同时两手分别握绳头做体侧“8”字绕环。

5～8拍：后屈腿跳同时做4次体侧“8”字绕环。

7. 第六个8拍

1～4拍：高抬腿前摇跳。

5～8拍：后屈腿前摇跳。

8. 第七个8拍

1～4拍：高抬腿交叉前摇跳。

5～8拍：后屈腿交叉前摇跳。

9. 第八个8拍

1～8拍：同第五个8拍1～4。

10. 第九个8拍

1～4拍：右脚向前走4步，同时左手于右腰间，右臂上举以肘为轴绕绳（绳缠身）。

5～8拍：右脚向后退4步，同时左手于右腰间，右臂上举以肘为轴绕绳（放绳）。

11. 第十个8拍

1～4拍：左脚开始向左走4步同时转体360°，两手握绳，头上摆动一周。

5～8拍：右脚开始向右走4步同时转体360°，右手握双绳头，左手握在绳中段将绳四折还原至预备姿势。

第七章　健美操训练相关理论

第一节　健美操运动教学与训练的模式

一、健美操运动教学

（一）健美操运动教学的特点与目标

教学是以课程内容为中介的师生双方教和学的共同活动。健美操运动教学就是学生在教师指导下，系统地获取健美操知识、技术、技能，培养综合素质和能力，形成和谐发展个性的认识和实践过程。

1. 健美操运动教学特点

健美操运动教学主要是以运动技术的学习为中心开展的，其教学除了具有体育教学的一般特点外，还具有以下几方面的特点。

（1）寓教于乐，运动中陶冶情操，时代气息较浓厚

随着人们对健身的理解及对健身需求的多样化和个性化需求，健美操也在不断地丰富自身的内容和形式，以更加适应人们的需求。因此，健美操运动教学过程也是与时俱进、充满时代气息和时尚感的运动体验过程。

（2）注重直观教学，以领做为主

健美操动作数量较多，动作路线及动作之间的连接变化也较复杂，因此，在健美操课的教学中，教师非常注重直观的演示，身体力行，多以领做为主，再配合语言提示，使学生先建立完整的直观印象，并在跟随教师领做的反复练习中较快地掌握动作。

（3）音乐贯彻教学始末。健美操是在音乐伴奏下表现人体美、动作美、精神美的体育项目，是融合声音美、视觉美、感觉美为一体的艺术。音乐是健美

操的有机组成部分，是健美操的灵魂。因此，音乐伴奏始终贯穿于健美操运动教学的整个过程。

（4）广泛运用动作组合教学法

随着健美操项目的发展和国内外交流的增加，针对健美操的教学特点，在原有的单个动作教学方法的基础上，又出现了一系列的以组合动作为单位，进行持续、连贯教学的方法，如线性渐进法、金字塔法、递加循环法、连接法、过渡动作法和层层变化法，其教学过程就是在音乐伴奏下，教师通过对不同单个动作的重复、领做和提示，使学生基本掌握这些动作及动作之间的连接，最后形成一个组合，并使整个教授过程始终处在教师领做、学生跟做的身体练习中。这些动作组合教学方法的运用既有助于组合动作的连贯记忆，又有助于动作间的连贯衔接，还有助于教学与练习的连续、流畅进行，达到有氧运动的健身效果和提高教学效率。目前，在健美操热身运动部分及新动作的教授中广泛运用该方法，可以说“动作组合教学法”是健美操运动教学的特色。

（5）强调动作表现力，突出激情和健康的精神风貌

表现力是通过面部表情和身体动作来抒发内在情感的能力。表现力不仅表现在动作的力度、幅度和节奏上，也表现在对音乐的感受、对动作的理解以及内在情感的表达上。激情就是充满健美操特点的强烈兴奋的情感表现。健美操运动教学中应强调动作的表现力，展现出健康、积极、阳光、乐观的精神风貌，突出健美操的项目特点。

2. 健美操运动教学目标

健美操运动教学的主要目的，就是使学生掌握健美操的知识、技术和技能；增进健康，发展各项身体素质，培养良好的身体姿态，提高身体的机能和适应能力；提高运动技术水平，培养运用健美操知识、技术和技能的能力；培养坚强的意志、良好的道德品质和集体主义精神，增强合作意识；培养丰富的想象力和创造力，提高审美素养，培养学生鉴赏美、创造美的能力，陶冶美的情操，展示当代学生的健康美和时代美；提高学生的社会适应能力。

（二）健美操运动教学的任务及过程

1. 健美操运动教学任务

依据健美操的教学目的，健美操运动教学的任务包括以下几个方面。

（1）传授健美操知识、技术

健美操运动教学是教师有计划、有目的地传授和学生循序渐进掌握健美操的知识、技术与技能，并系统地领会这些知识，加以灵活运用的一系列活动过程。传授知识是形成技能、培养智能和发展个性的基础，教师在注重传授系统知识、间接经验的同时，应注重感性认识和理性认识的结合，必须使学生的认识活动从感性阶段上升到理性阶段。在初步掌握了这些动作后，进而引导学生综合地、灵活地运用所学知识，培养学生分析问题和解决问题的能力。

（2）形成健美操动作技能

掌握运动技能不仅是锻炼学生身体、发展学生运动素质的途径，也是体育学科“传道、授业、解惑”的本职。因此，从根本上讲掌握并提高运动技能是学生“学会运动”和“运用运动技能”的具体反应，也是“终身体育”的必要前提。学生没有掌握、没有提高运动技能的体育教学是空洞的体育教学。因此，教师应该充分认识运动技能在学习中的重要意义，切实搞好运动技能教学。技能的形成要经过长期反复地练习，才能逐渐达到熟练程度。熟练的标志就是可以高度自动化地完成特定任务。对于健美操来说，也只有学生掌握了相当熟练的技能技巧之后，才能考虑到动作的艺术表现力，才能追求更多的美感和创新。

（3）培养智能

健美操知识、技术的学习和技能的掌握，一方面是智力活动的内容；另一方面，获取和运用知识的活动本身，就是锻炼智力和能力，促进智力和能力发展的过程。现代教学论认为，学生从探索中通过独立思考获得知识，在解决各种理论问题和实际问题的探索活动中运用已经获得的知识、技能，是培养智能的最好途径。因此，教师在教学中，应当有意识地创设问题情境，引导学生自己提出问题，设想解决方案，运用多种方法去研究和思考，最后找出解决问题的方法，并付诸实施。这种解决问题的活动，对培养学生的智能有着极为重要的意义。

（4）增进健康，塑造形体，全面提高身体素质

教学的目的是促进学生的身心发展，健美操作为一项有氧运动，其健身功效已达成共识。健美操练习可以改善心血管系统功能，提高心肺耐力，增进健康，塑造形体，全面提高身体素质。但是，通过健美操的教学如何更好地促进这些方面的发展，是教师需要思考和解决的问题。这就需要教师在教材、教法及组织形式的选择、安排和应用上精心设计，做到既能完成教学任务，又能很好地发展学生的身体素质，提高健康水平。

（5）培养非认知因素

非认知因素，简单地说，它包括认知因素以外的影响认知过程的一切心理因素。学生的学习过程是以人的全部心理活动为基础的，有认知的活动，也有兴趣、动机、情感、意志及人格等非认知因素的影响。认知过程包括感知、记忆、思维等活动，它直接指向学习课题，非认知因素虽不直接参与认知过程，不能改变人的智力水平，但能调节和控制认知活动，决定一个人的智力水平能否得到充分发挥和使用。

（6）提高审美素养，陶冶美的情操

培养学生鉴赏美、创造美的能力，健美操运动的强劲、富有表现力的动作和优美、动听的音乐能使人产生美的情感。健美操运动能给人带来大方、自然、协调与健康的美。因此，进行美的教育也应是健美操运动教学的一项任务，教师应充分利用健美操所表现出的“健康美”“形体美”“动作美”“技术美”“造型美”“音乐美”“服装美”等特点，在教学中加强“心灵美”的教育，实现对“心灵美”的追求。在欣赏美、感受美的基础上提高对美追求的境界，并形成在生活中创造美的意识和行为习惯。

（7）提高学生的社会适应能力

社会适应是指个体或群体调整自己的行为使其适应所处社会环境的过程，是个体不断社会化的过程。社会适应能力，又称社会健康，是指个体与他人及社会环境相互作用、具有良好的人际关系和实现社会角色的能力。在现代社会，人的社会适应能力越来越受到教育者的广泛关注，提高学生的社会适应能力已成为学校体育教学的重要目标。健美操运动教学中，教师应以发展学生的社会

适应能力为己任，通过营造良好的、宽松的课堂氛围，建立和谐的师生关系，使学生生动、活泼地进行健美操的学习、训练及群体或个体之间的互动交流，培养个体的社会适应性。通过开展竞赛活动，培养学生的竞争意识，增强学生的集体荣誉感、责任感和团队协作意识。通过开展丰富多彩的课外实践活动，使学生走出课堂，参与体育活动，加强不同年级同学间的友谊，提高群体意识，使人际关系变得更加和谐、融洽，提高适应外界环境的能力。

2. 健美操运动教学过程

（1）健美操运动技术的学习过程

依据美国著名教育心理学家加涅提出的信息加工理论的学习结构模式，在这里简要论述一下健美操运动技术的学习过程及其内在机制。

①教师在课堂上示范、讲解技术动作，学生通过视觉和听觉将这些刺激换成神经信息进入感觉登记器，并做短暂停留。②被感受器官登记了的技术动作有关信息很快进入短时记忆储存，信息可在此持续 30 秒左右。此时学生进行复述，即对动作的做法要领等做不出声的心理重复，技术动作的信息即可保持更长时间，并经过信息编码进入长时记忆。③进入长时记忆的技术动作有关信息，为了保持信息，这些信息被编码。这时在短时记忆中以知觉方式存在的动作印象转换成了动作概念、要领和动作表现等形式，并存储在长时记忆中。④当学生根据技术动作的概念、要领等做动作时，就是对长时记忆储存中编码信息的检索与提取，当学生能按要求做出该技术动作时，这说明学生已掌握了该技术动作。

（2）健美操动作技术的教学过程

健美操的动作技术教学过程指的是学生开始学习健美操的动作技术，逐渐练习后转变成健美操的动作技能的过程，是学生对健美操中的动作从开始的不会到慢慢学会，直至最后可以轻松自如地完成这个动作根据生理学理论，人体在形成动作技能的过程中，可分为相应的三个阶段。

①初步掌握动作阶段

该阶段的任务是教师示范、讲解动作，使学生初步了解动作技术，取得感性认识，形成动作表象并进行模仿练习。学生能初步领会动作的基本要求，建立动作概念，并能粗略地掌握动作在练习中的表现是精神和全身肌肉紧张、动作忙乱、不协调、常有多余动作。在该阶段，教师要引导学生抓住动作的重点，精讲多练。一般是适当地进行完整示范和重点讲解，使学生建立正确、完整的动作概念，了解完成动作的基本方法和要领，然后学生在教师监控下多次重复练习，出现问题及时纠正。

②改进提高动作质量阶段

学生通过反复练习和对动作的深入理解，知觉过程日趋完善准确，注意范围逐渐扩大，肌肉运动感觉对动作的控制作用逐渐提高，过度的肌肉紧张和多余动作逐渐消失，动作的协调性大有改进，能按音乐的节奏基本正确地完成动作。但动作掌握尚不巩固，在受到不良刺激或特殊场合，动作会出现反复。此阶段的教学任务就是逐步消除各种错误动作，进一步正确掌握动作技术，加强动作协调性，提高完成动作的质量。在该阶段，教师要注意做到：一是组织学生反复练习，强化正确动作技术，及时纠正错误动作；二是进行重点示范或正误示范的对比，讲解注重细节，注重分析，引导学生积极思维，加深对动作的理解和记忆。

③巩固完善动作阶段

该阶段学生动作的连贯性、整体性、精确性加强，多余动作消除，注意分配能力提高。技术不易遗忘，并能达到稳定、自动化的程度，可以在各种条件下正确熟练地完成动作。本阶段的任务是加强动作技术的稳定性，并在技术细节上日趋完善。在教学上，首先应注意改进动作细节，加大动作幅度、力度、动作的节奏感和与音乐的配合，多跟音乐进行成套完整练习。其次是组织学生互相观察，加强对动作技术的分析研究。最后可采取测试、表演、比赛等形式，在变换练习环境的条件下进一步巩固和完善动作技能。

（3）健美操实践能力形成的教学过程

健美操的实践能力本质是内部消化的关于体操的知识及经验结构，它的教学过程可以分为三个：

①以教为主

在教学的初始阶段，是学生对体操的一个感知阶段，是体操时间能力构成的基本要素。在这个阶段，教师的主要任务是利用议定的方法或者手段，让学生对教材进行感知，然后获得体操的相关知识及技能。

②以学为主

在初始阶段之后，学生对体操已经有一定了解，教师可以进行指导，学生通过积极思考以及不断整合学到的体操知识和技能，使这些知识和原有的知识互相作用，从而转化为结构化、网络化的知识结构。因此，这个阶段也被称为“内化阶段”。

③以用为主

此阶段可以称为“外化阶段”，主要是在教师的指导下，学生可以应用相关策略和方法，把活动的任务作为线索，融合不同的知识、不同的技能结构，形成有利于解决问题的活动经验结构，是对已有知识和技能的综合运用过程。

二、健美操训练模式

（一）健美操训练的主要目的与任务分析

健美操的训练是跟随健美操的发展而不断发展，主要目的是合理地运用训练理论，对训练时间进行指导，促使运动员可以进一步完善健美体操运动的动作技术，提高动作技术完成的质量，创造出理想的成绩。

1. 健美操训练的主要目的

健美操训练的目的主要是使运动员熟练、准确掌握健美操动作、技术以及健美操创编的原则和方法，提高协调性、节奏感以及健康的审美观，培养合作意识、团队精神，提高练习者的体质健康水平，增强身体素质和运动技能。

2. 健美操训练的任务分析

（1）体能的提高

体能指运动员本身肌体运动的基本能力，是一切运动的基础，还是健美体操运动员竞技能力重要构成的部分。运动员体能的发展水平由三个方面决定：一是运动员自身形态；二是运动员身体机能；三是运动员的运动素质发展情况。

身体形态指运动员机体的内外部形状，身体机能指运动员机体的各个器官系统功能。体能指运动员的肌体在活动中所表现出来的基本运动能力，一般包括力量、耐力、速度、灵敏、柔韧以及协调等方面。良好的体能不仅是一切训练活动的基础和保障，也是运动员在承受大负荷训练以及高强度的比赛前提，还是在比赛过程中，运动员用于保持良好的心理状态的基本保障，更是增进健康、预防伤病、延长运动寿命的物质保障因此，通过健美操训练提高运动员体能是健美操训练的首要任务。

（2）对健美操理论知识和运动技术、技能进行掌握

成功的健美操训练，要以正确的理论知识作为指导。在健美操训练之前，需让运动员对健美操训练的基础知识有所掌握，这样，运动员可以按照科学的方法进行训练。运动技术指完成体操动作的方式和方法，是决定运动员技术能力的要素。竞技健美操的运动员技术能力，指的是他们完成竞技健美操的动作能力，包含运动员对本身姿态的控制力、动作轨迹、动作速度、动作力量、动作时间以及动作节奏等内容。

竞技健美操的动作完成主要体现在动作的完成和特定动作的规范上。运动员完美的身体姿态，精准的动作，是运动员良好技术能力的集中体现。技术训练实质是健美操动作的训练；技能训练是指健美操技术能力的训练，技能的提高必然会促进技术的提高。因此，健美操技术、技能的训练是贯穿健美操训练始末的一项内容。

（3）进行思想品德教育，培养优良的作风和坚强的意志品质

健美操训练需要经过一个长期艰苦奋斗的过程。现代运动训练最突出的特点在于运动员必须承受较大的训练负荷，甚至需要付出常人难以想象的代价。健美操训练对于磨炼运动员的意志品质，培养其坚忍不拔的意志、顽强的拼搏精神有重要意义。

（4）提高心理智能水平

运动员的心理素质与智能水平会直接影响到训练效果与比赛成绩，它不是运动员与生俱来的，必须通过教练员对运动员的训练、日常生活的指导与培养来提高，所以，培养和提高运动员的心理与智能水平也是竞技健美操训练的重要任务之一。

（5）提高竞技能力与运动成绩

通过健美操训练，不断提高我国健美操运动员的技术水平，全面提高竞技能力，提高运动成绩，是健美操训练的首要任务，也是终极目标。竞技健美操训练的目的就是使运动员在最佳时间区域内以最有效的方法提高专项技术水平，增强身体素质；提高竞技能力，在比赛中取得优异成绩。

（二）健美操教练员的素质结构分析

教练员在训练实施过程中起着主导作用。随着训练水平的不断发展，对教练员的要求也越来越高，并且也越来越需要具有多学科知识结构的教练员：一名优秀的教练员应当具备合理的素质结构，包括知识因素、能力因素、非智力因素和身体因素四个方面。

教练员的素质结构存在前提是身体因素。身体因素还是知识、能力以及非智力因素在发挥作用时的物质基础和必要条件。非智力因素可以被认为是一个驱动系统，负责指挥、控制个体在已有身体因素基础上，获得知识积累能力的驱动和调节因素。知识因素也可被看成是用于解决问题的一个工具系统，是通过学习得到的，比较容易受到环境以及时间等因素影响，从而被导致遗忘。能力因素被比喻成运用和操作知识的系统，类似于计算机的操作系统，对素质结构起到关键作用，其需要不断进行积累才会形成，特点是形成之后很难消失。这四个方面的因素互相作用、互相影响，共同组成健美操教练员的素质结构。

1. 知识因素分析

知识结构指知识层次构成的情况。知识结构的模型是立体的，各种知识之间互相作用、互相联系，发挥整体功能。健美操教练员掌握的知识，是他们通过系统、专业的学习得来，经过不断实践后，形成他们的知识体系。教练员有专业的健美操知识及全面基础理论知识，在掌握知识之间的互相作用、互相组合后，再构成健美操教练员特有的知识结构。

在目前的运动训练中，要提高运动员的成绩，必须有广泛的科学知识介入、支持。所以，作为健美操运动的教练员必须掌握全面的科学知识，才能不断提高运动训练的科学化水平，从而培养出一批又一批具有高水平的健美操运动员。

教练员执教必须有坚实的专业知识作为基础，一个合格的教练员应该掌握的知识：一是一般训练理论和专项训练理论；二是体育、生物学科的基础理论和知识，比如运动生理学、运动生物力学、运动生物化学、运动解剖学及运动医学等；三是体育、人文社会学科的基础理论知识，比如体育教学法、竞技体育发展史、体育社会学及体育美学等；四是管理科学的相关知识等。

2. 能力因素分析

能力指顺利完成某项活动中必需的个性心理特征，是智力、技能及知识的整体效应。作为健美操教练员应具备的一般能力包括：正确的思考力、牢固的记忆力、适时的注意力、丰富的想象力和敏锐的观察力。基础能力是在一般能力的基础上发展起来的，同时又是专项能力形成的基础。健美操教练员的基础能力包括创新能力、学习能力、教育能力、科研能力、协作能力、组织管理能力、交际能力。

运动训练是一个不断实践的过程，仅仅掌握理论知识是不够的。运动训练不仅要求教练员有把理论知识合理运用到训练实践中的操作能力，还要求教练员可以根据掌握的理论知识，对实践过程中产生的问题进行正确分析，做出正确的、超前的理论判断，并将结果在实践中实施。

健美操教练员在健美操训练方面，应该具有的专项能力包含：一是健美操训练能力；二是健美操裁判能力。健美操的训练能力主要包括：①成套编排能力；②选材能力；③运用训练方法的能力；④在音乐选择方面和音乐剪辑方面的能力；⑤把握竞赛规则的能力；⑥分析技术原理的能力等。

健美操的裁判能力主要包含：①对运用规则可以熟练掌握的能力；②可以快速做出评判的能力；③可以公正评判的能力；④注意力可以持久保持的能力。

3. 非智力因素分析

非智力因素指除了智力因素以外，其他所有的心理因素，包含兴趣、情绪、意志、性格、情感、气质等，它们之间互相交融、互相渗透、互相依存、互相转化，从而达到互相交织的一种结构。教练员的工作是艰苦的职业，运动训练活动是单调的，这要求教练员必须长期专注这一单调的训练工作，把自己的全部精力奉献给探索运动训练规律，提高运动成绩的过程。

健美操教练员的非智力因素主要内容包括：①教练员对待工作的责任感以

及热爱的程度；②教练员对健美操喜欢的程度；③教练员渴望从事健美操教师职业的程度；④可以运用激情对学生进行感染；⑤善于对学生的积极性进行调动；⑥对表情、身体语言的运用能力；⑦有坚持性、独立性、自治性；⑧自身情绪控制能力等。

4. 身体因素

教练员的自身条件也是影响训练的因素之一，包括教练员的身体素质、身体形态、身体机能等各方面，教练员自身的这些条件对于运动训练过程都会产生一定的影响。

（三）健美操基础训练分析

1. 健美操基本姿态训练

基本姿态是指练习者在做动作时，手、臂、躯干、腿、脚和头部所处的符合其专项要求的状态。它是高质量完成健美操动作的基础条件、在身体各个部位动与静交替变换过程中形成的柔美、优雅与舒展的姿态，既可以带给人身体与心灵的美好体验，又可以唤醒人的情绪感知。作为综合反映运动员艺术天赋与身心表达的姿态，综合诠释了运动员对美的理解与感知。因此，运动员按照韵律调整身体，展现正确姿态，已成为运动员具备审美意识的关键标志。

基本姿态训练是健美操训练的基础内容之一，包括站立姿态训练以及身体各主要部位的基本姿态训练。正确的姿态训练以身体局部练习为主，以局部带动全身。在身体局部练习中，通过对身体每个部位的特定练习，使练习者找到肌肉的正确用力方法和全身各部分的正确姿态感觉，从而形成优美的动作和身体姿态的动力定型。

（1）站立姿态的训练

作为组成运动员动基础的站立姿态，是健美操动作训练过程中既简单又基本的身体姿态。练习者两腿伸直双脚并立，上提臀部，绷紧腰部，收紧腹部，双肩下沉，保持背部挺拔，躯干挺拔，将身体重心移至双脚的前脚掌，形成昂扬向上的形体姿态与清新俊逸的精神风貌，是健美操站立姿态的基本要求。因此，必须高度重视健美操身体姿态训练环节中的站立姿态。具体训练方法主要有以下几个方面：

第一，把杆练习。身体正对栏杆，双手握栏，双腿直立，脚跟并拢，脚尖微分，内收腿部肌肉，挺直颈部和腰部，微抬下颌。背景音乐可以播放舒缓优美的钢琴曲，让练习者舒展身体的同时，领悟音乐的内在魅力，实现身体与精神的和谐统一。

第二，提踵立。两脚并立，提起足跟，收紧腹部和臀部，双肩下沉，保持腰部挺拔，双眼平视前方，下额稍微向后收敛。将起支撑作用的腿的脚后跟最大程度上提，脚跟前顶，使小腿与脚面同线垂直于地面。

第三，点地立和举腿立。点地立是一条腿起支撑作用，另一条腿伸直并向前后左右做点地姿势，身体重心落在支撑腿上，动力腿伸直后外旋，脚趾触地，举腿立是在腿部点地立的基础上，将动力腿呈直角举起。

（2）身体各部位的基本姿态训练

①下肢的基本姿态训练

由于下肢承载着人身体的全部重量，因此，下肢姿态对于整体动作的稳定与灵活极为关键。通过开胯、挺直膝部、绷紧脚尖等练习，可以增强腿部力量，保持腿部姿态优美，具体来说，下肢姿态训练主要包括地面练习和把杆练习。地面练习是指坐、躺、卧于地面的各种练习，练习内容包括身体基本姿态、基本动作练习和柔韧练习。基本姿态和基本动作主要指下肢的开、绷、直等基本姿态和各种摆动、屈伸、控制等基本动作。柔韧练习主要提高运动员从脚尖到髋关节的外开能力，加大下肢各关节的活动范围及肌肉、韧带等组织伸展与收缩的能力。地面练习可使运动员获得专项所必需的基本技能，为较好地控制身体重心，进行把杆练习做好准备。

把杆练习着重培养人体的身体姿态和肌肉用力方法，以解决下肢的开、绷、直的特定姿态，以提高下肢的控制能力和柔韧、灵巧等素质，对下肢动作进行训练，应在上体符合人体站立姿势的前提下进行具体方法如下几个方面：

第一，地面练习。地面练习分为直角坐、仰卧、侧卧、俯卧时的动作练习。直角坐时，可以内勾脚尖，紧绷脚面向内、向外做环绕练习；可以单腿、双腿做屈伸练习；可以双腿轮流做屈膝、举腿练习。仰卧时，可以单腿做屈膝、举腿练习，小腿向内、向外做环绕练习；可以双腿做屈膝、举腿练习，小腿绕至前举练习；可以做前踢腿练习。侧卧时，可以做侧踢腿练习。俯卧时，可以做后踢腿练习。

第二，把杆练习。把杆练习包括双手把杆，身体下蹲，做擦地练习；双手把杆做小踢腿、大踢腿练习；双手把杆，腿部做划圈、屈伸、控腿练习。

②上肢的基本姿态训练

伴随着背景音乐动与静的节奏变化，调节手臂力度，使之呈现屈臂、直臂与弧形臂等基本姿态，是健美操上肢训练的主要目标。在众多的上肢形体姿态类型中直臂、屈臂是健美操上肢动作中最常见的姿态训练形式。总体来说，健美操的上肢基本姿态训练，重在培养学生控制动作速度与幅度的能力，以及感知手臂努力伸直并借助手指发力时肌肉的变化。

肩部是手臂向远延伸、动作舒展，表现上肢姿态美感的重要部位。在做动作时，一些学生出现耸肩和夹肩现象，是造成上肢动作幅度小、不舒展，严重影响上肢动作美感的主要原因。因此，上肢基本姿态训练应以训练上肢的肌肉本体感觉及肌肉的用力方法为主。

为了培养上肢肌肉的知觉，规范动作本体的感觉，可以采取的训练形式有：弧形臂舞姿组合训练，手臂摆动、绕环练习，手臂波浪练习和芭蕾手位练习。

③躯干的基本姿态训练

躯干就上体而言，主要包括胸、腰和髋部。对它的训练主要强调运动员在做动作过程中，保持挺胸拔背、腰部紧张、脊柱挺直的身体形态。在健美操运动过程中，动作的平稳、幅度的大小以及身体重心变化的协调、稳定，都与躯干有直接的关系，但是，身体的各种曲线美、也都需要通过胸、腰、髋动作来体现。胸、腰参加动作能大大增加动作的幅度，产生“身展一寸，手长一尺”的动作效果。因此，借助背部力量练习和躯干力量练习，增强运动员躯干控制能力的同时，应该通过把杆下腰与腰部环绕练习、跪撑躯干与跪坐躯干波浪练习、扩胸与含胸练习、前后左右方向的全身波浪练习，增强运动员胸部、腰部和髋部的柔韧性。

④头部的基本姿态训练

在所有体态动作中，运动员的头部姿态最传神、最富有表现力、最引人注目。在身体其他部位动作的协调配合下，优美得体的头部姿态，以及运动员恰当的眼神与面部表情，充分展示出健美操运动员神态美、动作美与形体美的有机统一。因此，头部姿态训练应该成为健美操基本姿态训练过程中的关键环节，在训练初期应该予以高度重视，准确纠正运动员的头部动作，使之与身体其他部位的动作相互配合、有机结合，从而淋漓尽致地展现健美操的艺术魅力。

此外，为提高运动员身体姿态的控制能力，可以在训练过程中，综合运用多种训练方法，比如舞姿组合动作训练、身体基本姿态训练、变奏训练与地面动作训练等，培养运动员的体态柔韧性。

2.健美操基本技术训练

为满足动作要求，运动员借助内力改变身体各组成部分之间的状态，使身体重心沿特定轨迹移动的技术，就是运动技术。健美操项目有自身的独特魅力，使身体重心有规律弹动的技术、控制身体姿态的技术以及控制身体动作的技术，都是健美操训练内含的基础技术。

（1）弹动技术的训练

在动作过程中，使身体重心规律起伏的技术，就是弹动技术。作为健美操运动项目中的核心技术，弹动技术使得音乐节奏得以同运动员的身体动作一致；在音乐节奏开始前，运动员应该保持身体直立，放松双肩，收紧臀部；当音乐响起时，运动员的身体伴随着节奏的起伏波动，呈现有规律的升降。

（2）身体姿态控制训练

面对复杂多变的成套动作，运动员能够始终保持躯干、腰部、髋部的稳定性，以及身体的挺拔和腹肌的收缩，这种对身体姿态位置的调控能力，就是身体姿态的控制技能。运动中的人体重心，会随运动方向的改变而移动。因此，运动员在日常训练过程中，应该养成保持正确身体姿态的良好习惯在变换动作时，始终保持重心稳定、躯干挺拔、身体正直。

（3）身体动作控制训练

在动作训练时，通过控制手臂或腿部肌肉的发力，实现动作的准确表达能力，就是身体动作的控制技能。健美操的每个标准化动作，都必须有清晰的开始位置与结束位置。动作开始时，通过正确、适度的肌肉用力，找准位置收缩发力，在促成动作加速运动的状态下，使肌肉间的协同与对抗保持适度紧张，科学用力，并借助明显且短暂的肌肉控制结束动作。

3. 健美操基本乐感训练

通常将音乐的感觉叫作乐感，乐感是通过对音乐音响和艺术表现，进行敏锐和准确的听觉体验而获得的一种把握能力。它是一种音乐素质的体现，其中，节奏感、旋律感、音乐情感、风格形象感、段落节奏感以及音色感等都是其表现形式。首先，最重要的是听觉能力；其次需要以观察能力、注意能力、记忆能力、想象能力、认识能力、理解能力等方面为音乐综合素质载体，运用音乐表现能力展示和发挥。

其具体包括整个音乐思维过程，体现了音乐的思维能力，或者说，乐感不仅是人们感受音乐的能力，也是表达和展示音乐的能力。另外，乐感是一种很重要的心理能力，除了需要对音乐十分敏感并感受音乐外，还需要理解并表达出音乐的内涵，这种能力，不全是由先天获得，也能够通过学习和培养提升。

（1）健美操中乐感的主要内容

乐感在健美操中，主要是指把握和掌控音乐节奏以及音乐旋律的能力。通常，健美操的音乐都是节奏欢快，旋律高昂，因此需要健美操的动作和音乐节奏以及旋律高度匹配。对于健美操来说，乐感主要分为节奏和旋律。旋律是指在节奏基础上，再增加情调。因此，健美操中的乐感主要是指音乐节奏感和音乐情感两类：

①音乐节奏感

人对于节奏的把握能力，称之为节奏感。其具体指人对于音乐中音的长短、强弱、快慢和停顿等感知。这个过程需要听力、理解力以及想象力综合发挥作用。人体的音乐节奏感实则是一种时间运动感，产生于人的意识，然后在生活中对客观事物信号的心理反应以及运动进行展示。人类之所以能够参加健美操活动，这是首要基础，如果音乐节奏感好，则很容易形成动力节奏感，肌肉可以自如地进行松弛和紧张交替，达到一个最佳状态，所以可以用最简单的办法解决最难的问题。

音乐节奏感还利于形成条件反射，然后对练习者的器官协调能力进行提升。通过音乐节拍掌握动作，帮助练习者分配具体的动作速度和力量，从而了解动作的关键点以及表达力。由于节奏感和人的心理活动息息相关，而且这种心理活动不仅依靠人的听觉神经，更多的是要通过后天的培养获得提升。

因此，后天对节奏感多加训练是培养节奏感的过程。通过培养练习者在听音乐时，能够准确判断音乐节奏和律动情况，然后将力度大小、长度相同的节拍进行组合，进一步将强弱律动划分为节拍和小节，以当前的律动作为背景，然后在此基础上进行感知和组合，进而整体把握音乐作品的动力性。

②音乐情感

情感的本质属于心理学范畴，是一种人们根据自己的需求，对客观事物感受到的一种体验。情感是一种伴随人的认识而产生的心理活动。人对自身态度的体验则是情感，作为一种成功的表达情感方式，音乐的内在脉搏需要情感支撑。欣赏水平是和人的感官知觉相匹配，通过人们直观感受感知音乐力量，利用节奏和旋律等多种形式，激发锻炼者的情绪，培养并提升整体灵魂，同时，健美操的动作需要依靠音乐指挥。

情感通过动作体现，将人体所要展示的动和静、形和神，肉和灵、身和心等方面进行匹配，形成强烈震撼的情感共鸣。然后，在另一个运动的时空完成精神的升华。人的身体运动和音乐的情感，通过这种方式直接形成联系，将人体的运动美得以展示。

所以，动作幅度的大小需要根据良好的音乐节奏感进行协调，帮助动作定力定型，使动作的伴奏能够和音乐节拍相协调，辅助练习者记忆动作。同时，良好的音乐情感能够激发艺术创造的力量，使其灵活地展示动作和表达情感，让动作和情感能够与音乐完美地融合，成为一个整体，从而有美的体验，并进一步改善练习者的身体姿态。所以，乐感的训练也是健美操训练的一项主要内容。

（2）乐感训练方法与手段

①听音乐

通过听音乐创造音乐氛围，营造一种良好的音乐学习环境。在运动员生活和学习的地方，准备好品质优良的音响设备，慎重地选择音乐资料，让运动员自然而然地感知音乐。

②学音乐

运动员通过音乐理论知识，进行系统化学习，在音乐欣赏课程中，不断掌握音乐的结构和体会音乐所创建的形象以及人物风格。在此学习过程中，最重要的是要学会识别音乐节奏，并且掌握主旋律，了解乐理，然后学习音乐节拍，根据节拍做进一步的击掌跳步练习。

③对音乐的理解和表现

竞技健美操运动员通过健美操的方式学习和掌握音乐。所以，运动员必须将自己所领悟到的音乐内涵展示在每组动作中，因此，可以通过几种形式进行训练。首先，在同样的节拍和相同的旋律伴随下进行锻炼，组合练习身体每个部分的不对称动作。其次，在不改变组合动作的基础上，练习不同音乐风格和不同旋律的伴奏形式，帮助运动员对节奏和相应动作之间的联系深入了解。再次，在不同节奏、不同风格以及不同特点的旋律下，不断对整套动作反复训练，通过动作突出音乐节奏和旋律的内涵，使意境和动作和谐统一。最后，在同样的音乐伴奏下练习相同的动作，但是对节奏差异化处理，帮助运动员从多个角度了解节奏和动作之间的关系。

（四）竞技健美操周期训练框架分析

竞技健美操训练是一个长期系统工程。竞技健美操运动员的多年训练过程由选材、训练、竞赛及管理等部分组成。其训练体系是由多学科理论知识的支持，逐步发展为具有鲜明特色的科学体系，其最终目标是要夺取世界顶级比赛的冠军，而这个目标要通过多年训练框架的每一个阶段的落实来逐步实现，优秀健美操运动员的周期训练框架包括选材阶段、基础训练阶段、专项提高和最佳竞技训练阶段、最佳竞技保持与延长运动寿命训练阶段。

1. 选材阶段分析

运动员选材是运动训练过程的重要组成部分，是指根据一定的标准和测量评价手段选拔适合从事某类运动项目训练的专门人才的过程运动员选材被视为运动训练的起点。在竞技健美操技术水平快速发展、竞争异常激烈的今天，科学选材已成为提高运动员技术水平、达到高水平的根本保障。因此，在选材的过程中要利用科学的方法和手段，提高选材的准确性。

健美操运动员的选材要重点考虑运动员的身体素质和身体形态指标以及表现力等因素健美操运动员的身体形态既要符合美学要求，又要符合力学要求。对于女运动员来说身体形态最为重要；对于男运动员来说，身体形态在符合力学要求的基础上，身体素质和技能相对更为重要，而在高级选材中多以心理素质和技能为主。总之，在实际的选材工作中，必须对选材运动员的形态、素质、机能、心理等方面进行综合考虑，区分主次，合理科学地进行。

2. 基础训练阶段分析

运动员的基础训练阶段在竞技健美操的训练中占有重要的位置，是运动员成才的基础，因此应注重此阶段的训练。基础训练阶段的总任务是发展一般运动能力，在这一阶段中，首要的任务是发展运动员的协调能力及基本运动技能，培养运动员的一般心理品质。

此阶段主要内容是对运动员进行基本姿态、基本动作、基本技术、基本难度的训练，着重加强关节力量的训练以及下肢各关节弹性的训练，为健美操训练打下坚实的基础，应突出对运动员进行基本功训练。除此之外，在健美操竞技比赛过程中，还需要运动员能够有力地带动赛场气氛和比赛节奏。因此，运动员在训练过程中，应当经常结合背景音乐，不断提高对音乐节奏和内涵的理解力和把握力，将自己的动作与音乐很好地融合，提升比赛感染力和表现力。此外，运动员除了要做好基本功训练，还要注重对形体、身体的训练以及表现力和音乐理解的训练。此阶段的运动负荷要坚持循序渐进的原则负荷逐步增加，会对运动员机体提出更高的要求，导致产生新的生物适应现象，有效提高运动员的竞技能力。

3. 最佳竞技保持与延长运动寿命训练阶段分析

运动员在经过最佳竞技年龄之后，会出现体能下降和心理疲倦。一方面是由于身体状态会随着年龄的增长而下降，另一方面长期紧张的训练和比赛，会给运动员带来多重压力。尽管如此，这一阶段的运动员仍然需要保持比较高的竞技水平和体育素质，应当针对其体能状态和心理状态，制订合理的训练计划，从而使其继续参加相应的体育比赛，发挥个人价值和社会价值。

首先，要对运动员进行心理疏导和心理鼓励，使其保持参加比赛、参与竞争的动力；其次，制订科学合理的训练计划，使运动员尽可能保持甚至提高其竞技状态；最后，加强运动员对相关运动理论的培训和学习，运动竞技状态的下降，可以通过丰富的比赛经验加以弥补，从而在比赛中发挥自己良好的竞技状态。

此阶段的主要训练内容是继续加强体能训练，坚持基本动作、基本技术的回炉训练。应突出个性风格训练，努力创新。对体现个人优势的难度动作精雕细琢。尽量减少成套中的扣分因素，保持运动成绩，延长运动寿命。另外，此阶段应继续抓好思想教育和心理训练，帮助运动员充分认识自身的价值，树立战胜困难、战胜自我的信心，并加强他们作为老运动员的事业心与责任感；此阶段应掌握好运动量，训练负荷通常应低于专项提高阶段和最佳竞技阶段。运动员可以更多地按照自我感觉掌握、控制运动过程。

第二节　健美操运动训练计划的制订

一、健美操训练计划制订的注意事项

第一，制订训练计划的依据。根据需要、比赛的任务、实际情况及对形势的分析估计，提出训练计划总的设想。第二，制订训练计划的过程。根据领导提出的任务、要求，教练员结合实际制定训练计划草案，经过反复研究、修改、补充，报请有关上级领导审批后执行。第三，制订训练计划的要求。制定训练计划从实际开发，使调查仔细选择内容，文本简洁。根据培训的不同阶段，培养对象的年龄、性别、素质、技术、场地和学习等的情况，充分考虑道德、智力、体育等方面的发展，正确处理文化与课后培训的关系。

培训内容要遵循认识论原则，从易到难，逐步增加做运动时的负担；一般要求因材施教；合理安排技术、素质、基本态势的培训内容，以及综合培训、早期培训、专项技术培训等逐步提高的比例。

二、健美操训练计划制定的具体原则

（一）系统性原则

健美操运动员的培养过程是受多种因素影响的长期系统工程，训练计划就是实现运动员状态转移的通路，把训练计划具体到每一次训练课中，统一训练参与者的思想认识和实践行动。系统性原则体现在教练员对整体训练过程的宏观控制上，即在对健美操项目特征、运动员特点、运动员状态、训练任务、竞技能力形成规律等各种因素全面认识的基础上，制订与之相适应的训练目标、训练内容、训练方法及手段和训练负荷等，并注意保持各个训练阶段的持续连贯性。

（二）针对性原则

制订计划时，必须对现阶段影响训练目标及任务的主要因素进行针对性地分析，还必须针对运动员的个性特征、技术风格制订不同的训练计划。另外，即使是同一运动员在不同机能状态或训练环境下，训练计划也应有所区别。针对性原则体现在教练员对具体训练环节的微观控制上，就是抓住健美操项目的本质特征和训练规律的普遍性与共性、专项成才规律、运动员个体特点、比赛对手的特殊性与个性等，对此进行针对性的分析、研究。

三、健美操训练计划的实施

健美操训练计划类型多种多样，但不管什么类型的训练计划，在制定与实施的过程中都有一些共同程序与基本内容。从确定训练组织的使命到构造训练计划的具体内容而形成一系列文件，看似计划制定过程终止，但在计划实施过程中还包含着根据训练实际情况对训练计划的微调与修整，以及根据评估训练效果而进行的反馈。根据反馈结果既可以评价训练目标完成情况，又可以作为制定下一次训练计划的参考依据。因此，训练计划制定过程与实施过程密不可分，在整个训练周期中形成由设计计划到实践检验，再由实践反馈到调整计划的闭合回路。

（一）确定训练组织的使命

每个训练组织都具有一定的特殊使命，组织的使命就是对组织存在目的的表述，即这个健美操训练组织为什么存在。明确训练组织的使命会迫使训练参与者慎重地考虑组织的目标与运行情况，具有强烈使命感的训练组织才会在日后的训练过程中克服一切困难，树立强大的信心和决心完成组织目标。

（二）分析训练内外环境

训练组织所处的内外环境对训练参与者设立训练预期目标具有决定性的作用。所以，分析训练内外环境是了解竞争对手、明确自身实力的关键步骤。尤其是在当今竞技健美操竞争日益激烈的情况下，高水平优秀运动员的竞技能力相差无几，那么，对竞争对手和自身实力的透彻分析也有利于制订明确的战术计划。

（三）制订训练预期目标

通过对训练内外环境的客观分析，详细掌握竞争对手和自身实力的优势与劣势、机会与威胁，并以此为依据，开始设立训练预期目标。设立训练预期目标的常用方法有两种，即由管理者设立总目标或由管理者、教练员和运动员共同设立总目标训练预期目标的具体内容及要求包括具有明确的时间框架，对预期目标的描述可以量化，对任务难度进行初步判定，对阶段性目标的完成情况进行评价，列出围绕目标的活动。

（四）确定训练计划具体内容

第一，专项技能储备训练计划的具体内容。划分训练阶段与任务；安排训练内容；选择训练方法与手段。第二，竞赛训练计划的具体内容。划分训练阶段与任务；根据比赛次数确定训练计划中准备期、竞赛期和恢复期的次数和具体时间段；根据比赛分类确定赛前训练计划中比赛活动的排列；重视竞赛中的预控计划。实施相应的监控，才能顺利排除比赛干扰。第三，表演训练计划的具体内容。根据表演日期确定训练阶段与任务，时间明确、任务简洁。一般分为创编、学习、强化、修整、彩排和正式表演等阶段；注意紧紧围绕表演目的和要求进行节目的编排与创作，如先全套创编再分段训练，或边创编边分段训练，最后进行整体修整；重视彩排中出现的问题，有效地进行调整、改编，以适应现场表演的需要。

（五）实施训练计划与评估训练效果

在健美操训练计划制订与实施过程中，确定训练组织的使命、分析训练内外环境、设立训练预期目标、构造训练计划具体内容等多属于训练的总体规划与设计工作，实施训练计划与评估训练效果则属于训练的实践检验与反馈工作。只有经过训练实践检验，才可能发现训练计划设计哪些地方是合理的、哪些地方存在问题或者在哪一个具体环节上出现问题。训练计划从制定完成之日起就接受着训练实践的不断论证，并且根据训练情况进行适当地调整和变更以达到最佳的训练效果。因此，由训练实践得来的经验对于教练员下一次训练计划的制订具有非常重要的作用。

第三节　健美操运动训练中的营养与卫生

科学营养对运动员的体能和运动能力有一定的影响。一旦营养不良，就会导致生长发育不好致使运动能力下降，甚至患上疾病，影响运动能力。运动员营养应以运动、能量代谢等特点为基础，合理安排，使营养补充品既不过少也不过剩，满足身体的实际需要。

一、健美操运动训练中的营养

（一）健美操运动的营养内含

人体为了生存和生活必须摄取食物，以维持生长发育、正常的物质代谢和生理机能及各种生命活动。营养就是从外界摄入食物，将营养吸收从而维持生命活动的正常进行。人体时刻在进行新陈代谢，所以必须从外界获取一定数量的食物来补充身体消耗的能量。合理的营养就是获得可以保持健康的所有营养，增强身体素质，提高工作效率和锻炼能力。营养缺乏或过剩，都将影响人体的生长发育，降低免疫功能，也易患各种疾病。因此，要充分发挥营养的保健作用，就必须提供符合卫生和健康要求的平衡膳食。

许多膳食是高热量、高糖、高脂肪和高钠的，这些过高的成分和许多疾病的发生密切相关，如心血管疾病、癌症、肥胖和糖尿病等。这些疾病都是现代社会中危及人类生命的最主要的杀手。然而，通过改变饮食可以减少这些疾病的发生。因此，每个人对营养知识的了解是非常重要的。存在于食物中，为健康身体所需要的物质称为营养素，可分为两大类，即三大营养素和微量营养素。

1. 三大营养素分析

三大营养素包括糖、脂肪和蛋白质，它们是构成机体组织和提供能量所必需的物质。

（1）糖

糖的消耗与运动强度、时间长短有关。大强度运动时，主要消耗快肌的肌糖原；而中等强度运动时，先是消耗慢肌的肌糖原，然后快肌和全部肌糖原都大量消耗。在短期内，由于肌肉运动时间短，不引起严重的肌肉糖原和低血糖的发生，但超过 40 多分钟的锻炼能使肌肉糖原消耗殆尽，持续多天的高强度耐力训练会使肌肉糖原存储量大大减少，直接影响中枢神经系统，发生头晕、眼花等低血糖症状。糖的补充可根据运动时间的长短进行。在长时间运动中，为了不使血糖下降过快、过早，在运动前可吃一些糖；运动时间短的运动，运动前可不吃。运动中，也可以补充糖。运动时的摄糖量是安静时的 20 倍以上。运动后，为了补充糖原消耗，可多吃些糖。糖的补充不是越多越好，食糖过多的人，可使糖在体内转化成多余的脂肪储存起来，导致肥胖、糖尿病、心血管疾病等，不利于健康。由于我国的膳食结构是高糖膳食，所以在膳食充足的情况下，没有必要另外补充糖。但对于体弱者来说，在进行健美操锻炼前，可适当地吃些糖，这样不仅可以节省体内糖原和防止低血糖症状的发生，而且可以减轻或延迟疲劳的出现，提高锻炼效果。

（2）脂肪

脂肪又称脂类，又分为真脂（又称甘油三酯或中性脂肪）、磷脂和固醇三大类。脂肪的储能最多，经过氧化还原反应以后，放出的能量远远多于葡萄糖和蛋白质。脂肪是长时间运动时能量的主要来源，体内能量供应首先来源于糖，在糖逐渐减少时，开始由脂肪来供给能量。脂肪供能时，需要有充足的氧气。脂肪除了作为能量储备外，也是构成细胞的组成部分。

人体内脂肪的贮存量较大，一般占人体体重的 10% ～ 20%，男子如果超过 25%、女子超过 30%，就被认为脂肪过多。人体对于脂肪的实际需要量并不高，一般认为每天50克就足够了。过多地摄入脂肪对机体不利，一则脂肪在体内代谢耗氧较多；再则过多的脂肪，尤其是动物性脂肪，是导致肥胖、高血脂和动脉硬化的主要原因之一，所以，膳食中的脂肪不宜摄入过多。

（3）蛋白质

蛋白质参与生命活动的全过程，是生命的基础。肌肉的收缩、放松是靠肌肉中蛋白质分子的活动来实现的。血液中携带氧的血红蛋白、参与生理机能调节的一些激素也是蛋白质。蛋白质在能量代谢过程中占重要地位，它是全能的营养物质，蛋白质在分解时产生的能量，也是体内能量的来源之一。蛋白质与人体运动能力有密切关系，血红蛋白、肌血蛋白和肌纤维中的结构蛋白是肌肉收缩的物质基础。肌肉力量和肌肉蛋白紧密相关。肌纤维增粗必须依靠肌肉中蛋白质含量的增加，而肌蛋白数量的增加，表现为肌肉壮大；肌肉力量的增加取决于肌肉收缩蛋白的数量和性能。蛋白质对体内的物质代谢有着十分重要的作用。如果蛋白质长期供给不足，对处在长身体时期的青少年，机体将发生蛋白质缺乏症，表现为酶的活性降低和机能减弱、球蛋白减少、抵抗力下降、因血浆蛋白浓度下降而出现的浮肿等；女性则可能发生月经紊乱等。但过多摄入蛋白质对身体也有害，它在代谢和排泄中会增加肝脏和肾脏负担，尤其在膳食热量不足时，这种危害作用更大。

2. 两种微量营养素分析

（1）维生素

维生素是人体进行正常生命活动的必需品，是一种低分子有机化合物。维生素既不构成组织，也不供给热量，但是，它却是人体代谢所必需的物质维生素能调节机体的正常代谢，长期缺乏维生素可导致夜盲症、佝偻病、脚气病、舌炎等维生素缺乏症，缺乏的原因往往是由于摄入不足、食物中含量不足或贮存不善、烹调不当所致。维生素种类较多，可分为脂溶性和水溶性两大类。

（2）无机盐

人体是由一定的（约20余种）化学元素组成，其中占体重的95%是由碳、氢、氧、氮组成的水和有机物，其他的营养元素是无机盐（矿物质）如钙、磷、镁、钠、钾、氯、硫等元素，约占无机盐总量的60%～70%。其他如铁、碘、铜、锌、硒、锰、钴、铬、钼、氟、镍、硅等为微量元素，体内缺乏矿物质就会发生各种疾病。

（二）健美操运动的热能平衡与能量供应系统

（1）热能平衡

人体能量代谢包括基础代谢、劳动消耗和食物的特殊动力作用，它受运动强度、营养条件、环境因素、生理状态、病理情况的影响。膳食中产生热量的营养素是糖类、脂肪、蛋白质。我国饮食的主要热源是糖类，约占热量的60%～70%，脂肪17%～20%，蛋白质13%～14%。长期供热不足，机体则动用体内贮存的糖、脂肪和蛋白质，导致发生饮食营养不良，出现一系列症状。而且，易发生传染病，影响健康和工作效率。热能摄入过多，过剩部分在体内积存，可以转变为脂肪沉积而导致肥胖，且易发生高血压、冠心病、脂肪肝、糖尿病、胆石症、痛风等。因此，中、老年人必须适当控制饮食，保持热能平衡，防止热能过剩而致病。

（2）健美操运动的能量供应系统

健美操运动能量供应系统因有氧运动的强度和形式而异。时间较长、强度较小的运动是有氧运动，由有氧代谢系统供给能量；时间较短、强度较高、难度较大的健美操运动是无氧运动，由无氧运动系统提供能量。简而言之，人体供能的方式依赖于氧气需求与氧气吸入量的关系。当氧气摄入量满足氧气需求时，身体进行有氧代谢。当氧摄入量不满足氧的需求时，它的缺乏部分依赖于无氧代谢的能量。有氧和无氧水平的代谢变化依赖于氧气的摄入量是否满足氧气的需求量，两种能量供应是不可分割的，但比率是不同的。通过运动，不仅可以提高人体的身体素质，而且可以提高人体的功能潜力，在运动过程中减少能量的消耗。

（三）健美操运动的膳食营养

1. 健美操运动的健康营养

（1）营养的生理机能

营养可从神经和体液两个方面影响人体机能。体液调节的生理功能是通过体内液体中的激素、酶、矿物质和维生素的调节来达到的。矿物质和维生素需要直接从食物中提取激素和酶需要一些物质进行合成。这些物质也需要从食物中获得。因此，由营养调节的体液的质量对身体素质影响很大，如蛋白质质量会影响血液和肝脏中的酶活性，脂肪会影响雌激素等。因此，合理的饮食必须符合身体的个人成长和身体状况的特点，包括各种营养需求，都需要摄取适当的量，不能过多也不能过少，能完全满足身体的需要就行了，所摄取的能量也以能够正常促进身体健康和体能的发展为准这样的饮食叫作均衡饮食。食物的摄取是人类的本能，食物的适当摄取是科学的。科学饮食，充分发挥食品的营养作用，让营养足够维持正常的生命活动，这是合理的营养要求。

（2）平衡膳食营养

为满足生存的需要，人体摄入的营养物质既不能太多也不能太少，只要保证正常代谢活动的进行就行了，对于糖、蛋白质、脂肪的摄入需要根据运动员的身体状况和能量的消耗量来安排：对于食物的选择，专家给出了一些合理的建议，他们认为应当从膳食营养金字塔表中选择食物、各种营养均衡摄入，摄入的食物中包括豆类、粮食和坚果，水果和蔬菜，家禽、鱼、肉和蛋、奶制品。

2. 健美操运动锻炼的特殊营养

健美操运动对于能量的消耗是很多的，所以在营养补充上应该及时。在进行健美操运动时，肌肉糖原消耗增加，蛋白质分解会使氨基酸变成葡萄糖，这时有氧运动的增多，就需要靠脂肪的分解功能了。因此，参加有氧运动的人需要更多的营养。为了使运动员的血红蛋白和呼吸酶保持较多的含量，必须提供更多的蛋白质、铁、B2 和维生素 C。在健美操运动中，为了加强肝脏的脂肪代谢，可食用蛋氨酸含量较多的牛奶和奶酪。为了增加肌糖原含量以提高运动能力，可采用“肌糖原填充法”。

健美操运动参与者应注意力量强度的营养特征。运动的强度需要一定的肌肉力量和爆发力，对于热量的消耗是非常多的。为了使肌肉组织增多，可多食用蛋白质和维生素含量较高的食物，尤其在早期的练习中，提供足够的蛋白质，这样肌肉群变多了，力量强度也增大了。蛋白质的供应应该增加到每公斤体重两克以上、起热量百分比可达 18%，其中优质蛋白质不低于三分之一。

3. 健美操运动训练营养的选择

（1）选择高生物价值的食品

高生物价值食品是由天然食物或其组成成分专门制成的混合食品，该食品含有丰富的维生素、矿物质和其他有益物质。高生物价值食品能在不同的运动锻炼时期对新陈代谢产生不同的影响。自然界本身产生了不少有高度生物价值和食用价值的食品，如：蜂蜜、蜂乳、蜂胶、花粉等被公认为高生物价值食品之冠。最常见的高生物价值食品还是牛奶和外皮含有蛋白质——卵磷脂综合物的奶制品。这种奶制品的外皮能覆盖奶油的脂肪球，其基本物质有积极的生物作用，它可以分解脂肪，并能使体内胆固醇交换正常化从事健美操锻炼时，由于锻炼（尤其是新学员）的强度、时间、次数以及不严格的膳食制度，容易使胃肠道没有时间去对食物进行正常的同化作用，也不能充分供应人体组织器官所必需的营养物质，在这种情况下新陈代谢受到破坏，导致体能和协调能力恢复速度降低，从而影响机体的工作能力，妨碍锻炼效果。因此食用高生物价值食品的必要性是毋庸置疑的。这已经被圣彼得堡体育大学文化科研所和医学科学院食物研究所的专家们多年研究充分证明。在健美操锻炼中利用高生物价值食品可以加速锻炼后身体的恢复过程；调节体温和水分、盐分的交换；改善人体质量（降低脂肪总含量）；合成代谢锻炼阶段有目的地发展肌肉；分解代谢锻炼阶段减少日进餐的总数量；根据锻炼目的彻底改变日进餐表的针对方向。

（2）选择能促进脂肪被调动和利用的食物

在健美操锻炼中的大部分人是需要同多余体重做斗争的人，他们所面临的共同问题是：减少多余脂肪数量或减少多余肌肉数量（形体训练）。因此要选择那些依据自身食物价值和化学组成特点能最大限量地促进自身体内脂肪被充分调动和利用的食物，主要包括：各种蔬菜、绿色食品、菜根、草类食物、水果和浆果。这些食物的特点是富含：纤维素、果胶物质、大量维生素、宏观和微量元素、水、有机酸植物杀菌素等，他们都为新陈代谢创造有利条件，以达到分解脂肪的目的。黄豆和豆制品蛋白质含量多，营养价值高，尤其是豆腐和豆浆。蛋白质的吸收、利用率更高。在动物蛋白供给不足时，豆制品是较理想的植物蛋白质。乳渣和鱼能帮助身体消耗多余的脂肪，乳渣是靠自己独特的氨基酸分子式，鱼是靠其含有宝贵生物价值的脂肪酸达到这一目的的。

二、健美操运动的训练卫生

（一）健美操运动的个人卫生

（1）饮食卫生

健美操的运动不能在刚进食以后进行，一般是进食 4.5 ～ 2.5 小时才可进行，太早不利于食物的消化吸收，增加胃部负担。一方面，如果在胃部食物充盈的状况下进行健美操运动，鼓胀的胃部将横膈膜向上推，胸腔体积缩小，影响呼吸系统的正常工作，从而会改变运动系统的能量供应形式；另一方面，在运动的过程中，消化系统的血液供应相对减少，会导致胃部一些不适症状的出现，从而影响锻炼的效果。还要注意的一点是，在健美操运动超过 30 分钟之前，不要进食，一般都是在运动过后半小时后再进食。这是因为只有弱碱性体液才能保持人体健康。当经过高强度的健美操运动以后，身体内部积累大量乳酸，感觉肌肉、关节疼痛，这是乳酸和其他酸性物质积累的结果。这个时候，立即进食，如果选择吃酸性物质丰富的肉、蛋、鱼等，会使身体更酸，不利于缓解疲劳。因此，在运动后，人们应该吃水果、蔬菜、豆制品和其他碱性食物，维持身体 pH 值的基本平衡，尽快消除运动带来的疲劳，保持人体健康。

（2）饮水卫生

健身性健美操是一种减肥的方法，因此，有人认为在运动中摄入任何物质无疑都是在堆积脂肪。但是，他们却没有意识到：对于运动的人体来说，水具有的体温调节和物质运输这两项功能显得尤为重要。运动前没有充分地饮水，运动中又不注意补水，就会造成脱水，脱水的程度还会随着运动时间的延长而加重对于人类运动来说，温度调节和物质运输的两个功能尤为重要，要想维持这两个功能的正常进行，需要水来调节。运动前没有喝足够的水，运动时不注意补充水分，可能造成的后果就是脱水，运动时间越长，脱水程度越严重。

（二）健美操运动的仪表卫生

（1）皮肤卫生

在健美操运动前，最好不要上彩妆，因为运动中的汗水会将彩妆糊成一片。

更重要的是，当运动量过大，出汗时毛孔张开，那么一些彩妆成分会随着毛孔进入皮肤内堵塞毛孔，汗水无法顺利排出而造成粉刺，所以应保持皮肤的通透性。在健美操运动后，要用温水沐浴，除了清洁皮肤还能缓解身体疲劳，但是要注意水温不要过低，以免造成感冒。

（2）服饰卫生

在进行健身性健美操运动之前，应摘除所有的饰物，以免在运动中伤害到自己或者丢失。同时，在跳健美操时，应把头发固定好，当运动强度过大，出汗很多时，如果头发蓬乱，汗水随着头发进入眼睛、可能引发炎症。在选择运动服装上，首先，服装的面料、质地要舒适，并且具有一定的弹性，在运动幅度过大时，不会限制动作的展开，便于动作的舒展；其次，最好选择吸水性较好的纯棉面料，在大量出汗时，有利于吸汗，然后汗水随着挥发，不会造成毛孔堵塞；最后，服装色泽要鲜艳，充分调动练习者的表现力，使动作更具活力。鞋子的选择应该符合这两点要求：第一，鞋身不宜太软，可采用半高筒式，以固定脚踝；第二，健美操的运动部位着重在下肢，所以要特别留意鞋面材质的通风性。

（三）健美操运动的环境卫生

在自然而优美的环境中进行健美操锻炼，它可以使练习者心情舒畅，产生锻炼的想法。健美操的场地不仅要考虑其实用性、功能性，更要将安全性、舒适性摆到首位。

健美操场地的地面材质应是木质材料的地板，场地的高度应不低于2.7米。如果低于这个高度，一方面空间上造成压迫感，使练习者感到压抑，减弱了健身性健美操的健心功效；另一方面范围狭小阻碍空气流通，使练习者呼吸不畅通，影响了健身性健美操的健身功效。同时，光线应明亮、柔和、不炫目。

第八章 健美操运动健身锻炼效果的评价

第一节 健美操运动健身锻炼效果的评价指标

一、评价健美操运动健身效果的指标

（一）运动系统

1. 肌力

通常来讲，肌肉力量可以具有多种表现形式，即相对肌力、绝对肌力、肌肉耐力、肌肉爆发力，等等。而这里所说的肌力，主要指的是肌肉呈现最大收缩状态时所产生的力量，一般会用肌肉收缩状态下能够克服掉的最大负荷阻力来表示。

2. 爆发力

人体在最短时间内做功时所能产生的最大力量。

3. 柔韧性

当用力做某些动作时，所能做出的动作扩大幅度的一种能力。

（二）心血管系统

1. 心率

在运动实践中常用心率来反映运动强度及运动训练对人体的影响。心率有明显的个体差异，不同年龄、不同性别和不同生理的情况下，心率都不同。初生儿的心率很快，每分钟可达 130 次以上，以后随年龄增加而递减，至青春期接近成人的心率。在成年人中，女性心率比男性稍快。经常进行体力劳动和体育练习者，安静状态下心率较慢。同一个人，从卧位到坐位或站立时心率加快，

肌肉运动或情绪激动时心率加快，体温升高或饮食后心率加快。

2. 脉搏

由心脏输出血液引起动脉管壁波动，称为脉搏。脉搏是作为评价心血管机能状态及监控运动量及运动强度的有效指标之一。正常成人每分钟脉搏为 75 次左右，和心率的次数一致。所以我们可以通过测量脉搏来得出心率的次数。经过长期的健美操练习，脉搏的次数会降低，这是身体机能状态提高的表现。

3. 血压

血管内的血液对单位面积血管壁的侧压力。

4. 最大摄氧量

每分钟所能摄取的氧量，是评定人体有氧工作能力的重要指标之一。

（三）呼吸系统

人们在进行运动的过程中，肺部的容积以及吸氧量多会有所增加，而且是成倍地增加，能够提升肺泡的张开率，这样北部的容积以及吸氧量也可以有所增加，呼吸肌也会变得更加有力。在安静的时候呼吸更加深，而且呼吸的次数也会有所减少；在运动时吸氧量变大了，肌体的有氧代谢能力也变强了。

呼吸系统的功能可以通过进行健美操练习得到一定的提升。呼吸肌收缩能力的增强，以及胸廓活动范围的扩大，通过这两方面可以看得出来健美操运动在呼吸系统功能上的作用。肺部活动的增加以及呼吸差的增大都是因为呼吸肌力量增强而导致的。我们检测肺通气功能的指标有呼吸频率和肺通气量。

（四）神经系统

各种信息在中枢神经系统分析整合，使体内各个器官系统的功能活动按照需要统一起来，是机体适应体内外所发生的变化，以维持机体与环境的平衡。同时，通过健美操练习，神经纤维分布在肌肉组织的数量也有所增加，整个神经系统对肌肉的控制能力，通过身体锻炼而大大提高。肌肉对神经刺激发生反应的速度和准确性以及各肌肉之间互相协同配合的能力也有很大的改进，在进行复杂和困难的动作时都能做到有条不紊地用最小的能量消耗发挥出最大的运动效能。我们通过神经系统外在的表现：反应时身体的灵活性及灵敏性来评价健身性健美操对神经系统的影响。

1. 灵敏性

人体改变体位的速度、随机应变的能力这些都指的是灵敏性。灵敏性这个素质相对比较复杂，它综合地表现出多种运动技能以及身体素质。灵敏性作重要的生理基础是对综合能力的分析以及大脑皮层神经过程的灵活性。兴奋与抑制之间转换的速度与神经过程的灵活性有关，灵活性越好，转换的速度也就越快，身体也可以迅速地根据环境做出正确的反应。

2. 平衡性

人体保持平衡的能力。它体现了神经系统对肌肉控制的能力。

（五）消化系统

锻炼时，呼吸加深，使膈肌和腹肌大幅度运动，对腹腔脏器起到了良好的按摩作用，可以使胃肠的蠕动增加，促进粪便排泄，消化液的分泌增多，从而使消化和吸收能力提高，使人的食欲增加。由于锻炼对腹肌、平滑肌和盆腔肌的活动增强，使腹腔内的消化器官保持正常的位置，所以健美操练习对治疗内脏下垂和预防便秘有良好效果。

如果运动时间过长或是运动负荷过大，出现过度疲劳，则有可能影响肝的正常功能，会导致肝细胞产生一系列病理变化，如脂变、破裂和坏死。我们可以通过检查肠胃功能和肝功能以及测量消化酶的分泌来评价健身性健美操练习对消化系统的影响。

二、评价健身性健美操运动健美效果的指标

（一）身体成分

身体成分系指肌体中的皮肤、脂肪、肌肉、骨骼、内脏器官和体液等的含量，这些成分的重量即为体重。身体中各组成成分不仅功能各异，而且含量和分布也有各自的规律，当身体内各种成分的数量维持在一定的水平并保持平衡时，人体的各种生理功能就能保持正常；反之，某种成分过多、不足或相互平衡失调，则会给人体的生理功能带来不利的影响，甚至影响人体的健康。健身性健美操练习对人体成分的影响很大，特别是在改变脂肪和肌肉在人体中的比重方面特

别明显。有规律有计划地进行练习，可使脂肪含量降低，肌肉比重增加。

（二）体型

体型是我们的身体外形，是指人的整体指数以及各部位的比例关系，尤其是人体解剖结构形成的外观特征。遗传基因可以说在体型上起到决定性作用，但这不能说明体型是不可改变的，长期从事健身性健美操练习可适当改善体型外貌。

（三）身体姿态

经过后天的影响，在平时表现出来的行为习惯指的就是姿态。身体姿势是由身体各部分相互间的位置决定的，它反映各种组织结构间的力学关系。正确的身体姿势不仅可以将健康的精神面貌通过优美的身体曲线展现出来，更重要的是它使身体各部分的空间位置处于最佳的省力状态，从而减轻肌肉韧带的紧张，减少疲劳。

三、评价健身性健美操运动健身效果的指标

现在生活节奏越来越快，在竞争中很容易受到挫折，这些都很容易使人处于紧张状态。如果一个人长期处于紧张的状态，会对身体产生一定的影响，例如身体免疫功能会有所下降，对外界的环境不能很好地适应。心态的好坏只能由练习者本人感受，但它又是一个无法定量的研究因素，但可以通过一系列心理量表来评估。

第二节 健美操运动健身锻炼效果的评价方法

一、评价健身性健美操运动健身效果的方法

（一）客观评价

1. 评价运动系统的方法

（1）肌力

测量肌肉绝对力量的方法是用握力计测定。对于肌力的测量是一个客观的

评价指标，而且一般对于短期的训练效果不明显，必须经过长期的训练效果才显著。练习者一般在阶段训练前测一次，在阶段训练结束后再测一次，比较两次测量的结果。用握力计测量绝对力量的方法：练习者分别用左、右手尽自己的最大力气握住测力计，然后读数，这时的读数即为练习者的最大绝对力量。两只手各测两次，然后取两手的最好成绩，再作平均数或只记录力量好的那只手的成绩。

评价：练习后肌肉的力量一般会有所增加，增加的幅度与练习者的身体素质和练习量及练习强度有关。练习的强度及练习量越大，肌力的增长也越大。

（2）爆发力

①纵跳

身体侧向靠墙站立，先用手指沾一些粉的划印，再尽自己最大的能力原地向上跳，沾粉手指尽量上伸划印，测量这两个手指间的距离（厘米）。

评价：若练习前后，两指间的距离越大，说明爆发力练习的效果越明显。

②立定跳远

这是以腿部力量为主测定全身爆发力的方法。要求没有助跑的力量在原地直接往前跳，测量其所跳的水平距离。

评价：见表 8-1。

表 8-1　立定跳远与年龄的关系

	立定跳远（厘米）	
年龄	男	女
50 岁	179	100
40 岁	180 ～ 204	101 ～ 120
30 岁	205 ～ 225	121 ～ 140
20 岁	226 ～ 245	141 ～ 160
20 岁以上	246	161

（3）柔韧性

柔韧性是指用力做动作时扩大动作幅度的能力。柔韧增长的幅度与练习者的遗传因素及练习时关节的伸展度有关。遗传即练习者先天性的柔韧性，它决定了练习者的基础柔韧状态，但练习者可以通过后天的练习改变自己的柔韧性。力量练习越多，关节周围肌肉及韧带的稳定性就越大，因而柔韧性会下降，而通过健美操的伸展练习，又会使关节和肌肉的柔韧性提高，练习中伸展练习的幅度越大，柔韧性提高就会越明显，因而测试前后两次数据的差距会越大。

评价：双手只能触及踝关节以上的高度：差；手指尖能触及脚尖：中；指跟能触及脚尖：良；掌跟能触及地面：优。

2. 对心血管系统评价的方法

（1）脉搏（心率）

测量时，被测者坐着或平躺着，测量者以食指、中指和无名指的指端按住被测者腕部的梅动脉，以10秒钟为单位，连续测三个10秒钟，取平均值再乘以6。

①基础状态下的测量

基础状态即清晨，最简便的方法是在早晨起床前后的基础状态下进行各种简易指标如脉搏、血压的检查。

评价：如运动量适宜，晨脉变化每分钟不超出正常的3～4次，在数日内有脉搏明显的持续上升，则说明运动量偏大，有疲劳积累的征兆。

②运动后即测脉搏

运动结束后马上以秒为单位，连续测三次，取平均值再乘以6，即为每分钟脉搏次数。

评价：由于健身性健美操是有氧运动，它的强度应控制在最大心率的60%～70%。如果心率过快，则表明运动量过大。

最大心率=220－实际年龄

③安静状态下的脉搏

即练习者在平常不运动时的心率。

评价：在正常情况下成年人安静时每分钟脉搏为70次左右(60～80次/分)，通过长期的训练，也有安静时心率在60次/分以下的。这是心脏机能加强和提高的表现，也是心脏能量节省化和健康状况良好的标志。

（2）血压

正常测量时要先静坐 10 分钟，然后进行测量。具体操作方法为：将脉压带绑在被测者上臂，其下缘应在肘关节上 3 厘米，松紧应适宜。以手指摸寻肘窝处的肱动脉，然后把听诊器的听头放在肱动脉上。正常人收缩压为 100 ～ 120 毫米汞柱，舒张压为 60 ～ 80 毫米汞柱。记录为收缩压 / 舒张压毫米汞柱。

评价：一般来说，练习者的血压是保持基本恒定的，变化范围上下在 10 毫米水银柱以内视为正常。练习者可将初次测量的数据作为基础值，将以后测量的结果与基础值进行对照，练习后良好的状态应是血压稍有所下降。若是血压出现持续性上升，说明运动强度过大，出现了疲劳。将血压作为长期评定的指标，可以检测练习者的心血管系统机能是否有所改善。

（3）最大摄氧量

测量最大摄氧量一般有直接法和间接法。直接法是利用自动气体分析仪或心肺功能自动分析仪、功率跑台或功率自行车等直接计算或自动分析出最大吸氧量的方法。这是一种简单易行的方法，在健身俱乐部里比较适用。

3. 对呼吸系统评价的方法

评价呼吸系统机能的好坏，可以通过在定量负荷的练习后，测量练习者的肺通气量，然后通过前后数据的对比，来判断练习者的心肺功能是否有所改善。这是一个客观的评价方法，并且要通过长期的练习积累才能体现出变化。通过定量负荷的健身性健美操练习后，测量肺的通气量，如果肺通气量不变或下降，这表明身体机能有所提高。这是因为在进行定量负荷后，身体出现了机能节省化，即用比以前小的机能反应，就能完成同样强度的工作。测量肺的通气量有以下三种方法。

（1）肺活量

在测量之前先进行深呼吸，做 1 ～ 2 次就可以了，之后使劲地吸气，一定要尽量吸气，但是要注意的是不需要做任何的附加动作，只需要吸气，做三次这样呼吸测量，选其中的最大值。

评价：健身性健美操练习既能使人的肺活量水平提高，也能延缓肺活量的衰减。练习者将第一次测量的结果作为初始指标，将以后测量的结果与第一次的数据进行对照，若练习效果良好，练习者的肺活量会有所提高；若是肺活量出现了下降现象，说明练习强度或是练习量不合理，也有可能是练习者的呼吸系统出现了病变。

（2）时间肺活量

进行一次最大的吸气，之后进行最大的呼气，在呼气时速度一定要快，在一定时间范围内进行多次呼气，记录的是呼出气的总量。

评价：所谓的时间肺活量，主要是指一个相对较好的动态指标，用来对肺通气功能进行评价。而时间肺活量不但能够将肺活量的大小反映出来，而且还能够将肺部的气道是不是狭窄、弹性是不是降低、呼吸阻力是不是增加等问题反映出来。

（3）最大通气量

以适宜的呼吸频率和呼吸深度进行呼吸时所测得的每分钟通气量，称为最大通气量或最大随意通气量。一般只做 15 秒通气量的测定，并将所测得的值乘以 4，即为每分钟最大通气量。

评价：通过一定阶段的练习，会使练习者的肺活量有所提高，如果肺活量出现持续性下降，则表明运动量过大，或是练习者身体状态出现了病理性的衰退。

4. 对神经系统评价的方法

（1）平衡性

①睁眼动力平衡测试。

让练习者在 3.8 厘米宽的平衡木上往返行进 4 次，记录所用时间及掉下的次数。

评价：时间越短，掉下的次数越少说明平衡性越好。

②睁眼静力平衡测试

让练习者用优势脚在 2.5 厘米宽的木板条上站立，记录站立时间。

评价：时间越长，表示平衡性越好。

③金鸡独立的测试

测试者两手叉腰，单足站立，另一条腿置于支撑腿的膝关节处，直到平衡被破坏、支撑脚移动为止。

评价：时间越长，表示平衡性越好。

（2）灵敏性

练习者由站立姿势开始，听到“开始”信号后，迅速屈膝 / 弯腰 / 下蹲 / 两手在足前撑地，然后两手向后伸直成俯撑，最后再经过屈蹲恢复为正常的站立姿势。共进行 10 秒，计算受试者完成动作的得分。

评价：以 10 秒内完成正确动作的次数作为测验成绩，把整个动作分为四部分，每部分计 1 分。

第一部分：站立—下蹲，手撑地；

第二部分：下蹲—俯撑；

第三部分：俯撑—下蹲；

第四部分：下蹲—站立。

凡有在俯撑时两腿弯曲及站立时身体不直者要扣除 1 分。得分越高，表明练习者的柔韧性越好。

（二）主观评价

1. 自我感觉

在练习者在完成健美操练习之后，对自己的身心状态的感觉与反应，这就是自我感觉。其中睡眠、体力、精神等状态都包含在内。

2. 评价

对于一次练习之后，良好的身体反应应是练习者在练习后感觉稍有疲惫，当晚的睡眠状态好，入睡快，睡眠度深，不易惊醒。练习的第二天感觉精力充沛，身体轻松，想再次参加练习。这是运动量合适，练习效果好的表现。对于阶段性的练习，良好的自我感觉应是身体姿态和气质有良好的改善，感觉力量有所提高，心情变得愉快，抑郁的情绪减少，甚至性格特征都会有所改变，会变得更加活泼开朗，并且愿意持续练习下去。一次性练习后不良的反应为：感觉很疲倦，睡眠很浅，有夜惊，整晚做梦的现象，第二天感觉精神状态不佳，感觉没有休息好，不愿意再进行运动。阶段性练习后的不良反应是体重持续性下降，整天无精打采，感觉很疲惫，而且沉默寡言，食欲不振，精神处于紧张状态，这是运动量过大的表现。

二、评价健身性健美操运动健美效果的方法

（一）体重

测试方法：一般每周测试体重1～2次，也可在一次练习前后或某一训练周期前后测量体重，通过体重可以了解练习对机体的影响以及机体对训练符合的适应情况；每次测量都要尽量做到测试情况相同，即用同一个体重计，在同一时间测量。成年男女标准体重的简易计算法为：

$$W=(H-100)\times 0.9$$

式中：W=标准体重（公斤），H=身高（厘米）

系数0.9只适用于身高为155～175厘米的成年人，身高在145～155厘米的系数应改为1.0；身高在175～185厘米的人，系数则采用0.85为宜。

评价：体重在一定程度上能够反映人体骨骼、肌肉、皮下脂肪及内脏器官增长的综合情况和身体的充实度。一般来讲，体重与横断面的发育成正比，以肌肉量成正比。胖瘦程度的评价一般按下列标准判断：在标准体重10%范围内为正常；超过标准体重10%～20%为轻度肥胖；超过20%～30%范围为中度肥胖；超过30%以上为过度肥胖；低于标准体重10%～20%范围为稍瘦；低于20%～25%范围为中度瘦；低于25%以下为过瘦。

（二）对身体成分评价的方法

身体成分的测量和评价一直被医生、教练和体质专家作为评价健康、运动能力和体质的主要依据，特别是对于成年人和老年人群体。研究证实，肥胖是慢性心脏病长期的、独立的因子。所以，身体成分保持“理想水平”或维持体重在正常范围内将是保持体质水平和避免疾病发生的基础。正常人的体脂含量约为10%～30%左右。将测量得出的体脂重和瘦体重列表，练习前后进行对比，就可以检验出效果。这也是一个客观的长期性的效应。

1. 水下称重法

水下称重是一种公认的通过测定身体密度间接推算身体成分的有效测量手段，尤其是可以作为其他测量方法的效标。测试原理是将人体分为脂肪及非脂

肪成分，脂肪组织密度为0.90g/ml，骨骼及肌肉等非脂肪组织密度为1.10g/ml。根据阿基米德定律浮力的大小便是该物体在水中的重量可知，若肌肉和骨骼含量越多，身体下沉的速度越快，水中的重量越重，其体脂含量就越少。

2.人体测量法

常用的测量部位有：胸部、腋下、肱三头肌、肩胛下角、腹部、髂前上棘、大腿和小腿皮褶等。

计算出身体质量指数：BMI= 体重 / 身高 ^{2}，单位：（kg/m^2）。因测量方法简单，故运用广泛，比较适合大样本、群体和个体间比较。对于大多数人来说，BMI 超过 25 将会出现许多与肥胖有关的健康问题。但是，BMI 的评价结果还是无法准确说明超重是属于“过重”还是“过胖”。所以，常常与皮褶厚度法一起使用。

3.其他评价方法

（1）生物电阻抗法（BIA）。生物电阻抗法是一种安全、舒适、易操作的方法。一般采用专用的生物电阻抗仪。测量时，要特别注意测试仪器的型号、受试者状态、操作技术，以及选用的推测公式等影响误差的重要因素。（2）双能量 X 光吸收法（DEXA）。（3）核磁共振（MRI）。（4）计算机断层扫描（CT）。

评价：通过身体成分的测量，瘦体重比重越大，说明练习的效果越好，将脂肪转变为肌肉的比重越多，但也不是瘦体重比例越大越好，脂肪的含量应不低于体重的 20%。一般通过练习者自身纵向比较，即比较练习前后脂肪的增减情况来评价练习效果。体脂下降表明练习效果好，若体脂含量提高，说明练习量不合适或是练习者的饮食等其他情况不太合适，这时应调整运动量或是练习者的饮食。

（三）对体型评价的方法

物体或线段，按黄金分割进行分配的结果是最为优美和谐和具有完整性的，能使人产生赏心悦目的印象。即按 0.618/1 的比例来分。从人体体型来看，人能符合这样的要求。而且，人体的各个部位都存在黄金分割点：人体以肚脐为黄金分割点，肚脐以上与以下的身体部位为 0.618/1；面部以印堂穴为分割点，把面部分为两部分；肚脐以上部分的分割点在咽喉；肚脐以下部分的分割点在膝盖，上肢的分割点在肘关节——如果一个人的分割点不是按 0.618/1 的比例来分的话，人体就会显得不协调。

评价：从生理角度来讲，人体的体型可分为外胚层、中胚层和内胚层的体型，它们都有各自的特点。

外胚层体型：由外胚层发生而来的皮肤和神经组织状态所确定。外胚层成分占绝对优势的个体，典型的特征是：身体纤细、脆弱、无力。这种人，身体各部位都表现为细薄、肌肉极不发达。这种人往往头骨较大，脸面瘦削，下颌尖细，颈部细长，胸薄而狭长，腹平坦甚至下凹，臀部不显眼，四肢瘦长。

中胚层体型：由中胚层发生而来的肌肉、骨骼发育程度所确定。中胚层成分占绝对优势的个体，典型的特征是：身体各部位的肌肉、骨骼和结缔组织发育很好，这种人，身体魁伟结实，肌肉粗壮并轮廓清晰，骨骼和关节粗大，肩部和胸部宽阔，腰腹较肩胸小，具有一定的曲线感，手脚粗大。中胚层体型也称运动员体型，骨骼和肌肉发达，体型适中成呈三角。

内胚层体型：由内胚层发生而来的消化系统机能所确定。内胚层成分占绝对优势的个体，典型的特征是：整个身体的各关节段均呈圆胖状，蓄积了大量的脂肪组织。这种人，头大而圆，颈项粗短，胸廓宽阔，腹部隆起并下垂，腰部粗大，臀部丰满，四肢粗短。

（四）对身体姿态评价的方法

直立姿态检查：正确优美的直立姿势应为：头正、颈直、开肩，上体自然挺拔，腰直，微收小腹，两臂自然放松，腿自然伸直，重心在双脚上。在对直立姿势进行检查时，要从两个方面进行观察：从后面看，头颈脊柱和两足跟立在一条垂直线上，连肩的高度和两髋的高度都应当一致；从侧面看，头顶、耳前、肩、筋、膝外侧、外踝间各点应在同一垂直线上。

脊柱形状检查：身体直立时，从背面看，脊柱应当是笔直的；从侧面看，脊柱外形呈四个生理弯曲，即颈段向前弯、胸段向后弯、腰段向前弯、骶断向后弯。如果从背面看脊柱不是笔直的，或从侧面看，颈腰段弯曲过深、过浅，都属异常。脊柱若有异常弯曲，就必然影响直立姿势。

脊柱前后弯曲检查：脊柱前后弯曲的检查主要是测脊柱生理弯曲的颈弯和

腰弯的深度。检查时脱去上衣，背靠一个宽约 5 ～ 10 厘米的立柱或背靠墙站立，头部保持正直，两眼平视前方，两肩胛骨间，髋部和足跟紧贴立柱或墙。检查者站在侧方，用直尺测量颈弯或腰弯距立柱或墙的距离。正常情况下，颈弯和腰弯的深度约在 3 ～ 5 厘米范围内。也可用手指估测，正常颈弯约为 3 横指，腰弯约为 2 横指。由于脊柱前后弯曲的变化，在外观上可改变头颈与躯干相互间的位置，而形成不同的背形，即我们通常所说的驼背、直背、鞍背。通过检查测量就可判断背的形状。

正常背：颈弯和腰弯的深度在正常范围；驼背：胸段后弯稳度加大，似驼峰，腰弯小于 2 ～ 3 厘米；直背：胸弯和腰弯均减小，背部平直；鞍背：腰弯大于 5 厘米以上，形似马鞍。

脊柱侧弯检查：脊柱侧弯的检查主要测后背脊柱是否平直。通常用两种方法：第一种方法：重锤法。准备时，衣着短裤，赤背，用一根细绳的一端固定在头顶正中，另一端系一重锤自然下垂，依次检查侧弯的方向和弯曲的程度。检查时，首先目测重锤的细绳与脊柱是否保持一致，有无偏移现象。若有单纯的向左或向右偏移，称为“C”型弯曲，若脊柱上段向左，下段向右，或正好相反，则称为“S”型弯曲。“C”和“S”型都属于异常脊柱。第二种方法为指压法。指压法是一种检查脊柱胸腰段有无侧弯的简便方法。检查时稍弓背坐好，另一人用手拇指沿脊柱正中用力由上至下压，在背部留下一条红印，正常脊柱红印呈直线，脊柱侧弯则红印呈曲线，这样就可以判断是否正常。

腿形检查：在对腿形进行检查时，先两腿并拢直立，然后根据两足跟或两膝之间的距离来判断腿的形状。

正常腿形：站立时，两足跟和两膝均能并拢；“O”型腿：两足跟并拢时两膝不能并拢，且相距超过 1.5 厘米以上；“X”型腿：两腿并拢时两足跟不能靠拢，且相距超过 1.5 厘米以上；“D”型腿和“K”型腿，一侧膝正常，另一侧膝内翻为“D”型腿，外翻为“K”型腿。

评价：身体姿态的评价也是通过练习者前后练习的纵向比较。若练习者通过一段时间的练习，身体姿态越来越向标准姿态靠近，而且练习前的一些不良姿态得到改善，说明练习效果达到了，如果练习后通过测量身体姿态并没有像预计的那样得到改善，说明练习方法或是练习量不合理，需要调整。

第三节 健美操运动健身锻炼的生理负荷与自我监督

一、健美操运动健身锻炼的生理负荷

（一）影响健美操锻炼的生理负荷的因素

运动负荷与强度、运动时间与次数是影响健美操运动的两个主要因素。

1. 运动负荷与强度

在身体活动时，人体能够承受的生理负荷指的就是运动负荷。主要由“强度”“量”来决定运动负荷的大小。完成锻炼用到力量的大小以及机体紧张的程度指的就是“强度”，其中包括练习的密度、练习时的负重以及完成动作的速度等；完成动作次数、时间与负重等指的就是“量”。一般而言，如果开展练习的时间越长的话，那么就会出现较多的重复次数，进而产生更大的负荷量。

2. 运动时间与次数

所谓的运动时间，主要指的是适宜心脏刺激需要的充足时间。每一次运动所需的时间需要多种条件因素来确定，例如，身体情况、运动目的、运动频率、运动强度等，一般来讲，运动强度与运动时间直接决定了运动负荷。如果运动是娇小强度的，那么就需要较长的运动时间；运动强度增加，运动时间则要适当缩短。与运动效果密切相关的则是运动次数，运动频率越高，运动效果越好；运动次数太少，就达不到运动效果的积累。

（二）健美操的生理负荷

为了达到增进健康、增强体质的目的，并且有效的发展身体，不管通过任何项目的锻炼，在机体时需要适合的负荷刺激。我国的有关专家学者对参加体育练习者提出的心率指数为：男性在 130 ～ 150 次 / 分，女性在 120 ～ 140 次 / 分的范围内，练习后约 5 分钟的心率恢复到比安静时的心率高出 20 ～ 30 次 / 分左右为较好。

（三）健美操的生理负荷评价

只有适宜的负荷刺激机体，在发展身体机能时才会有效果，从而达到增进健康、加强体质的目的。

健美操锻炼时应确定个体运动负荷水平。有关专家指出：要使有氧锻炼真正起到作用，心率就必须达到一定的训练水平，并且在处于该水平至少坚持 20 分钟，至少每周 3 次的锻炼。想要使运动效果最佳，就要选择适合自己的运动负荷。

二、健美操运动健身锻炼的自我监督体系

（一）自我监督在健美操锻炼中的意义

进行自我监督，在健美操锻炼之后能够及时地对人体生理机能的变化做出反馈，对练习内容的安排以及运动负荷调整的更加科学合理，可以预防过度疲劳的现象出现。

（二）自我监督的内容与方法

1. 自我监督

自我监督分为自我感觉与自我检测这两个方面。

（1）自我感觉

自我感觉也会分为良好的自我感觉、不良的自我感觉。

①良好的自我感觉

主体在进行活动时正常的自我感觉应该是精力充沛，拥有良好的睡眠、食欲、情绪状况以及排汗量，对进行健美操活动存在渴望，在练习结束后会有轻微肌肉酸痛以及疲惫感，但是通过休息可以恢复得很快。

②不良的自我感觉

在生理需要中睡眠非常重要，快速入睡，并在睡醒后精力旺盛、体力充沛，则说明睡眠状态良好。如果出现失眠、夜间易醒，或者疲惫感并没有在睡醒后消除，属于睡眠失常，运动负荷需要有所调整。正常情况下，在大量运动之后，可能会出现食欲不振的情况，但是很快就会恢复到正常状态，如果一段时间过后食欲减退的现象仍然没有回复，那么很有可能是没有适当的安排运动量或处

于不良的健康状态。气温、饮水量关系到出汗量，而训练程度、神经系统的状态以及个人特点也关系到出汗量，在相同的外界条件下，由于训练水平有所提高，排汗量会逐渐减少，如果排汗量没有减少，反而有增加的趋势，甚至在夜间会出现盗汗的现象，这时就需要注意了，因为这时身体正处于极度疲劳的状态下，运动的强度和时间都需要做出调整，如果有必要及时进行医务监督。

（2）自我监测

自我监测的方法实际上就是练习者在监测运动效果时将指标量化，通常心率、呼吸频率、血压、肺活量等是常用的指标。

练习健美操对静态时的心率会有一定的影响，经常进行健美操运动的人在安静的转台下心率会比一般的人面一些，虽然有着相对低一些的呼吸频率，但是体温与血压虽然在正常的范围之内。如果心率、血压在多日内持续呈上升状态，这就说明运动量过大，造成疲劳累积。

2. 疲劳的判定

学会对疲劳情况的观察与判断，在健美操锻炼中非常重要，这样可以尽量地避免因为过度疲劳而对人体健康造成损害。在安排训练时需要随时做出调整，而调整的依据就是疲惫程度，如果是轻度疲劳，可以按照原有的计划继续；当达到中度疲劳，就需要适当地调整一下运动量；当处于重度疲劳时，就必须停止运动，如果有必要还需要医务监督。

（三）健美操自我医务监督

1. 自我医务监督的意义

自我监督对判断身体的机能状况、疲劳程度有着重要的参考价值。在日常锻炼过程中，来自机体各系统的刺激最终传向大脑，而大脑需要做的就是将这些信息进行综合分析，并且做出相应的反应来应对机能状况以及疲劳程度。不论机体机能下降、疲劳或恢复，都会从主观感觉和客观检查中反映出来，有人称为“自我疲劳程度感受”。

2. 自我医务监督的内容

我们可以将自我监督的内容分为两个部分来了解，一个是主观感觉，另一个是客观检查。主观感觉可从运动心情、自我感觉、睡眠、食欲、排汗量及主观体力感觉等几个方面来体现。客观检查可从脉搏、体重、训练效果和肌肉力量等几个生理指标来检查。客观检查的具体表现是，在医学监督表相应的栏目记录下练习者在训练之后的各种反应状态以及测量得到的数据。自我医务监督应贯彻简便易行、客观有效的原则，自我医学监督，只有这样才能长期坚持下去，才能在实际锻炼中起到好的作用。

第四节 健美操运动健身与科学锻炼

一、健美操运动健身锻炼的过程

（一）热身运动

在健美操运动健身锻炼开始以前，一些适量的热身运动是不可缺少的。热身运动的开展，主要目的在于从生理层面与心理层面，使健身者做好足够的准确，换句话来讲，就是保证机体由抑制的平静状态向兴奋状态逐渐过渡，为之后身体剧烈运动的开展做足准备，进而使机体的工作效率得到提高，使运动创伤得到预防。

对于热身运动而言，应该按照天气的实际情况，来确定运动量的大小与热身时间的长短。一般而言，健美操运动健身开始之前，都会有时长约 10 ～ 15 分钟的热身运动。热身运动的开展，能够身高机体的体内温度，增加其肺呼吸量与血流量，充分伸展练习者的全身肌肉，进而使身体能够更好适应之后的激烈运动状态，是肌肉酸痛与运动损伤的情况得到避免。

（二）主要运动

在健美操运动健身过程中，最为重要的部分就是主要运动，关键在于对运动的强度与持续的时间进行确定。在健美操运动健身开展的过程中，为了能够使机体的肌肉力量与心肺功能得到提高，应展现出高出平时基础水平状态的运动水平。同时，运动时间与运动强度直接相关：强度越小，可持续时间越长；强度越大，可持续时间越短。运动频率一般隔天进行 1 次，每次持续 40 分钟以上，能达到明显效果。切忌“三天打鱼，两天晒网”，一定要持之以恒。

（三）放松练习

与主要运动阶段实质上是紧密相连的，也就是说，事实上就是在开展较为剧烈的运动以后，继续以较低强度运动水平活动一段时间。如此一来，一方面，能够使运动疲劳过早产生的情况得到避免，另一方面，还能够保证力量、耐力与速度在下次练习活动中的正常发挥，进而保证动作的高质量完成。通常来讲，健美操运动健身的放松性练习会有十分钟左右的时间，这对于全身放松是非常有利的，能够使机体尽快地恢复到正常的心跳状态与呼吸状态，使肢体上积聚的血液尽快向心脏流回，避免大脑出现缺血的状态，从而产生昏厥、头晕的情况。

修复身体功能的正常需要，人体大约需要摄入45～50种不同的营养成分，主要分为六大类营养素：脂肪、糖类、蛋白质、维生素、无机盐和水。前三类物质提供能量。

1. 脂肪

人的食物结构中需要一定的脂肪，脂肪具有供给热能，构成组织及供给脂溶性维生素，并协助其吸收利用的功能，但饮食中的高脂肪，尤其是高饱和脂肪酸会增加得病的概率。因此，参加健美操锻炼的人和其他人一样应严格控制脂肪。

2. 糖类

为达到理想的健康水平，食物中热量的来源是糖类，尤其是多糖。多糖主要来源在水果、蔬菜、面包、豆科植物、谷类食物中，研究表明，多吃富含多糖的食物不易导致肺癌、直肠癌、食道癌及冠心病，又因为它富含维生素和无机盐，因此对人体健康极有益处。但糖果或饮料中的单糖营养含量较低，且单糖含量较高的食物通常脂肪含量也高。因此，建议每天多食用绿色蔬菜、水果、面包、谷物或豆类，控制食用甜食或高单糖类食品。

3. 蛋白质

人体的所有细胞都是由蛋白质构成，因此蛋白质是人体所必需的物质，但它只占每天摄入热量的很少一部分。蛋白质由多种不同的氨基酸组成，有氨基酸必须通过食物吸收以保证人体的正常运转。而过量摄入蛋白质会导致尿钙流失，这对人，尤其是妇女是很危险的。因此，建议每天少量摄入瘦肉、鱼、家禽及乳制品，或混合食品如豆类、坚果和米。

4. 维生素

维生素是维持人体生命和正常机能不可缺少的营养素。摄取足够的维生素是健康的前提，但过量摄取不仅不必要，并且有害。

5. 无机盐

同维生素相似，无机盐本身没有热量，不能为身体提供能量，但对于调节身体的各种机能都十分重要。钙、铁、锌、钾、磷等都是重要的无机盐，一般在饮食均衡的情况下，不需要另外补充无机盐。

6. 水

水是机体的重要成分，是健康饮食的关键，对于人的健康和生存具有极其重要的意义。补充水分，保持水平衡对于维持身体机能至关重要，普通成年人每天除了摄入食物中的水分外，还需要补充 2500 毫升的水，对于爱运动的人来说，则需要补充更多的水分。

好的饮食习惯让人感觉良好，容光焕发。饮食不合理就会产生各种健康问题，关于食物，应少吃肥肉、奶油或甜食等脂肪含量高的食物，多增加一些复合碳水化合物食物，如新鲜水果、蔬菜等，它们纤维素含量高、热量少，营养丰富又能充饥，是很好的减肥食物。

对于那些想增加体重的人，一般说来，是通过增大肌肉组织来达到增加体重的目的。只有太瘦的人，才需要增加身体脂肪。一般可以考虑增加热量的摄入量，每天比正常三餐多吃一些，多喝些果汁和牛奶，吃香蕉、奶酪，坚果等健康零食等。

健美操锻炼属于有氧运动，经常性的有氧练习能消耗大量的热量，因此健美操锻炼对脂肪的减少和维持都是最好的练习方式，但要注意的是，经常性是关键，要想有效果就必须经常进行练习。

经常进行一些有氧练习对健康和心血管适应是必需的，但如果目标是增加体重，就有必要限制有氧练习，因为过多的有氧练习可能会使增加体重变得困难，研究表明大量的有氧练习甚至会导致肌肉体积减小。只要全面掌握肌肉练习的指导原则，人们增加体重的最好的练习形式就是进行肌肉练习。

总之，只有尊重科学，通过努力才能获得一个健康的身体，苗条的身材。

三、健美操的运动处方

（一）运动处方概述

按照应用的目的和对象可分为：健身运动处方、竞技运动处方、康复锻炼运动处方。

（二）健美操运动处方

作为健美操这项健身性运动项目，首先要考虑的是如何达到合理的运动强度、合理的运动时间及合理的运动频率。

1. 运动强度

运动强度对运动效果与安全有直接的影响，掌握适宜的运动强度是执行运动处方的主要措施之一。进行健美操运动时，为达到提高心肺功能和肌肉力量的目的，运动强度应比自己本身的基础运动强度更大些。运动越激烈，心率就越快，两者是等比增高的。一般教学及训练中，常用心率来反映运动的强度，心率越快，运动强度越大。所以，运动处方中，要求规定每个人的“最佳运动心率”。

具体计算公式有 3 个：（注：心力储备 = 心率储备）

最大心率（次 / 分）=220 －年龄（岁）

心力储备 = 最大心率－安静心率

最佳运动心率 = 心率储备 ×75% ＋安静心率

2. 运动频度

简单地说就是每周或每日运动的次数。大多数有氧运动项目，隔天进行 1 次，每次持续时间 40 分钟以上，能达到明显效果。运动时间太密，容易过度疲劳；运动时间太疏，锻炼效果不能见效。有氧运动需要一段启动时间，对新陈代谢和心肺功能进行全面调整，不可能立竿见影。但坚持时间越长，后续的作用越大。

按运动处方进行科学锻炼与训练，既安全又可靠，更能有效达到强身健体和治疗疾病的目的。

（三）不同体型人的健美操运动处方

1. 对于肥胖者

肥胖给人们健康带来的危害，已被越来越多的人们所认识，体育锻炼和合理营养相结合是最佳的减肥方法。肥胖者在减肥过程中，除坚持合理的饮食结构外，采用有氧健美操和健美锻炼相结合的方法可收到更好的效果。

2. 对于正常体形的人

（1）胸部健美处方

①含胸、挺胸练习：直立，含胸，低头，还原，挺胸，还原，重复 14 ～ 16 次。②扩胸运动：直立，两臂胸前平屈，两手半握拳，拳心向下，扩胸，再两臂经前向侧后扩胸，重复 14 ～ 16 次。③含胸、展胸练习：两脚屈膝半蹲，两手持轻器械，两臂胸前上屈，两肘靠拢，含胸，再两腿直立，两臂向侧打开至肩上屈，展胸，重复 10 ～ 12 次。④俯卧撑练习：两手撑地，双腿伸直，脚尖撑地，身体挺直，两臂弯曲时，最好将胸触及地面，以达到扩胸的目的。此练习可以增强胸大肌，防止肌肉萎缩造成的乳房干瘪。每周练习 3 ～ 4 次。每组 15 ～ 20 次，共做 3 ～ 4 组。这几个胸部健美处方，你可以任选几项，每天坚持练习，3 个月后就会有明显的效果。

（2）腰、腹部健美处方

①转体练习：两脚自然开立，上体挺直，两臂胸前平屈，两手半握拳，上体保持正直，最大限度的左右转体。每周 4 次，每次 2 ～ 3 组，每组 20 ～ 24 次。②仰卧左右转腰练习：仰卧在床上，两手抓住床边，双膝并拢，小腿收起，脚离床面，上体不动，下肢左右转动，每晚重复做 12 ～ 16 次。③俯卧抬上体练习：俯卧，双脚固定，两手撑地，上体最大限度地向后抬，呈反弓形。每周练习 2 ～ 3 次，每次练习 2 组，每组 15 ～ 17 次。④仰卧起坐练习：仰卧，两手十指交叉置于脑后，上体挺直向上起，上体离地面 30 ～ 40 度后慢慢还原成仰卧姿势，重复 15 ～ 20 次，每周可安排在隔天的晚上练习。⑤仰卧抱腿练习：仰卧条凳上，两臂伸直上举置于脑后，两腿弯曲提至胸部，同时上体前倾，两手抱住小腿，然后小腿用力伸直，两臂还原到脑后，重复 10 ～ 15 次。腰、腹部是脂肪容易堆积的部位，腰腹部健美处方中的练习可以任意组合练习，贵在坚持。

（3）臀部健美处方

①俯卧举腿练习：两腿并拢伸直，然后将两腿尽量上举，再还原。每周练习 3～4 次，每次 2～3 组，每组 10～15 次。②跪撑屈膝后踢腿练习：俯身跪撑，右腿屈膝上举至最高位置，感到臀部肌群完全收紧为止，稍停，慢慢放下还原。重复 12～16 次，注意左右腿交替练习。③跪撑直腿后踢腿练习：俯身跪撑，右腿屈膝上抬至胸腹前，然后右腿向后上踢起，至最高位置为止，同时挺胸、抬头、沉腰，稍停。慢慢放下还原，重复 12～16 次，注意左右腿交替练习。④仰卧起胯练习：仰卧，屈膝分腿，上体固定不动，向上抬起臀部至最高位置，收紧臀部肌群，稍停，慢慢放下还原，重复 12～16 次，可以隔天练习。

参考文献

[1] 徐吉，邱玉华，闫锦源．高校健美操教学可持续发展研究［M］．北京：经济日报出版社，2018.

[2] 李孟华．高校健美操运动与教学研究［M］．北京：北京工业大学出版社，2018.

[3] 朱襄宜．健美操教学与训练［M］．西安：西安交通大学出版社，2018.

[4] 张学．高校健美操教学与训练研究［M］．天津：天津科学技术出版社，2018.

[5] 苏斌，张欣．高校体育中的健美操教学研究［M］．长春：东北师范大学出版社，2018.

[6] 陶李军，李海．现代健美操运动技能分析与教学研究［M］．北京：中国纺织出版社，2018.

[7] 王姝燕．全民健身与健美操研究［M］．天津：天津科学技术出版社，2018.

[8] 王晶．新形势下高校健美操中教与练的研究［M］．长春：吉林大学出版社，2018.

[9] 史悦红，纳冬侠，郭潞霞．健美操运动学练与科学塑形方法指导［M］．中国商豫出版社，2018.

[10] 周骞．高校健身健美教程［M］．北京：新华出版社，2018.

[11] 康丹丹．高校健美操教学与创新研究［M］．北京：北京工业大学出版社，2019.

[12] 赵静晓．健美操教学训练系统设计与方法研究［M］．太原：山西经济出版社，2019.

[13] 李华．当前健美操运动技巧及教学研究 [M]．北京：中国商务出版社，2019.

[14] 赵萍．健美操课程教学分析与实践创新 [M]．长春：吉林大学出版社，2019.

[15] 屠丽琴．健美操课程教学分析及效果优化研究 [M]．北京：中国大地出版社，2019.

[16] 郑柏香．高校健美操的教学与训练 [M]．北京：电子工业出版社，2019.

[17] 何丽琼．健美操教学与训练研究 [M]．天津：天津科学技术出版社，2019.

[18] 符雪姣．健美操和体育舞蹈的审美价值与健身价值研究 [M]．长春：东北师范大学出版社，2019.

[19] 郭楠．塑造健美的形体 [M]．北京：中国纺织出版社，2019.

[20] 徐益雄．全民健身背景下我国健身健美运动的推广与实用指导 [M]．北京：中国书籍出版社，2019.

[21] 王旭瑞．健美操运动训练及创编教学探索 [M]．西安：西北工业大学出版社，2020.

[22] 韩月清．高校健美操教学模式改革研究 [M]．长春：吉林大学出版社，2020.

[23] 王鹏．健美操运动的基本理论及其教学研究 [M]．天津：天津科学技术出版社，2020.

[24] 傅金芬．健美操的美学特征与编排艺术 [M]．北京：九州出版社，2020.

[25] 周春娟．新时代健美操人才的培养与发展研究 [M]．北京：原子能出版社，2020.

[26] 陈善金．体育与健康 [M]．成都：电子科技大学出版社，2020.

[27] 王德平，黄朕．大学体育与健康教程 [M]．西安：西安电子科学技术大学出版社，2020.

[28] 钟贞奇．大学生体育健康与体育运动 [M]. 长春：吉林人民出版社，2020.

[29] 安婕主．健美操运动教程 [M]. 延吉：延边大学出版社，2020.

[30] 冯道光，张小龙．高等院校体育运动类立体化精品教材健美操 [M]. 广州：华南理工大学出版社，2020.